10 Zehn Türme Zehn Verbrechen

Klaus-Peter Wolf, Hans-Erich Viet, Usch Luhn, Andreas Scheepker, Bernd Flessner, Manfred Reuter, Jutta Oltmanns, Désirée Warntjen, Lübbert R. Haneborger und Silke Arends

10 Zehn Türme Zehn Verbrechen

Mit Kurzportraits der Aussichtspunkte

Edition **Ostfriesland Magazin** | Premium

Soviel steht fest: Dies sind Kriminalgeschichten, nicht mehr und nicht weniger. Nicht alle Personen und Handlungen sind frei erfunden. Die Kulissen ähneln der Realität. Und bleiben doch Kulissen.

Zehn Türme – Zehn Verbrechen

Mit Kurzportraits der Aussichtspunkte und Krimis von Klaus-Peter Wolf, Hans-Erich Viet, Usch Luhn, Andreas Scheepker, Bernd Flessner, Manfred Reuter, Jutta Oltmanns, Désirée Warntjen, Lübbert R. Haneborger und Silke Arends

Das Buch erscheint in der Edition Ostfriesland Magazin, herausgegeben von Lübbert R. Haneborger und Silke Arends

1. Auflage 2013
ISBN 978-3-939870-78-4

Bibliografische Information der Deutschen Bibliothek: Die Deutsche Bibliothek verzeichnet diese Publikation in der Deutschen Nationalbibliografie; detaillierte bibliografische Daten sind im Internet über ‹http://dnb.ddb.de› abrufbar

Verlagsanschrift:
Stellmacherstraße 14, 26506 Norden
Internet: www.skn.info, E-Mail: verlag@skn.info

Lektorat: Inge Straatmann
Umschlaggestaltung / Layout: Wiebke Rocker
Konzept / Produktion / Ortsportraits: Silke Arends / Lübbert R. Haneborger

Grundschrift: Caslon Regular

Druck und Gesamtherstellung:
SKN Druck und Verlag GmbH & Co. KG / Printed in Germany

Fotos: SKN-Bildarchiv, Martin Stromann;
außer: Silke Arends (S. 67, 145, 147 [1]), Lübbert R. Haneborger (S. 148, 162).
© SKN Druck u. Verlag / OSTFRIESLAND BILD 2013.
Sowie: Thomas Fröhling (S. 184 [1]), Andreas Riedel (S. 184 [2]),
Bianca Ites-Buck (S. 184 [3], S. 186 [3]), Privat (S. 185 [1]),
Werner Reiners (S. 185 [2]), Marie Kleine (S. 185 [3]),
Johannes Ludwigs (S. 186 [1]), Wiebke Warntjen (S. 186 [2]),
Silke Arends (S. 187).

Inhaltsverzeichnis

„Dunkle Giebel, hohe Fenster, Türme tief aus Nebeln sehn,
bleiche Statuen wie Gespenster lautlos an den Türen stehn."
– Joseph Freiherr von Eichendorff –

Mörderische Turm-Geschichten

„Man misst die Türme nach ihren Schatten und die großen Männer nach ihren Neidern", heißt es in einem alten chinesischen Sprichwort. Was jedoch geschehen kann, wenn besagte große Männer auf Türme mit langen Schatten steigen – insbesondere, wenn in luftiger Höhe Neider an ihrer Seite sind – verrät das Sprichwort nicht. Da Türme als Profanbauten von alters her vor allem machtstrategische Bedeutung hatten, dürfte es sich mancher Geschichts- und Krimifreund im Stillen aber leicht ausmalen können.

Nicht erst seit dem (zweiten) Prager Fenstersturz vom 23. Mai 1618 wissen wir, dass ein gewaltsames Stürzen von Einzelnen oft den Beginn von großen geschichtlichen Umbrüchen markierte – wie hier den Anfang des Dreißigjährigen Krieges. Aber auch in viel kleinerem Rahmen erwuchs rund um aufragende Gemäuer kriminelle Energie. Zum Beispiel dort, wo Insulaner in freibeuterischer Gier Leuchttürme durch trügerische Strandfeuer ersetzten und so Seefahrer auf Grund laufen ließen. Auf dem Podium der ostfriesischen Tiefebene, dem charakteristisch „platten Land", erschienen Kirch-, Schloss-, Stadt-, Mühlen- und Leuchttürme von jeher als buchstäbliche Höhepunkte – halfen und helfen sie doch als Orientierungspunkte durch die Landschaft, durch die Elemente und schließlich durch das Leben.

Die ostfriesische Halbinsel kann mit manch hohem Gemäuer aufwarten: Etwa mit dem markanten Störtebekerturm von Marienhafe, einst Zufluchtsort des gleichnamigen

Piraten und seiner Likedeeler, oder mit dem „Eiffelturm Ostfrieslands“, dem stählernen Leuchtturmbau von Campen, und nicht zuletzt mit dem beliebten rot-gelben „Otto“-Turm von Pilsum. Selbst den Vergleich mit Pisa muss Ostfriesland in dieser Studie nicht fürchten, denn Suurhusen verfügt über den schiefsten Kirchturm der Welt.

So kam die Idee zu einer Krimi-Anthologie zur ostfriesisch-friesischen Turmlandschaft nicht von ungefähr. Und literarische Bezüge, sowohl in der klassischen Kriminalliteratur als auch in der modernen Prosa, finden sich einige. Berühmt etwa die Erzählung „Der Hammer Gottes“ von Gilbert Keith Chesterton, in welcher sich Pater Brown unweit eines Glockenturms vor die Aufgabe gestellt sieht, den scheinbar „vom Himmel gefallenen“ Tod eines Kirchgängers aufzuklären. Enid Blyton's „Famous Five“ erleben dagegen auf Demon's Rock ein wahres Leuchtturm-Abenteuer und bei P. D. James wird „Der schwarze Turm“ 1975 zum Zentrum mehrerer „natürlicher Todesfälle“, die erneut den Spürsinn von Scotland Yard Commander Adam Dalgliesh wecken. In Kafkas Fragment gebliebener Parabel „Beim Bau der chinesischen Mauer“ propagiert ein Gelehrter sogar, den Turm von Babel mit dem über Generationen gebauten Bollwerk als Fundament doch noch realisieren zu können.

Wie man es auch nimmt, Türme (in jüngerer Zeit auch die Rotortürme der Windkraftanlagen) stellen sich dem Betrachter im Land der Friesen unausweichlich in den Weg. Und manche der im Folgenden dargestellten Figuren, die den perfekten Mord schon sicher glaubten, hätte vorher besser beherzigen sollen: „Hochmut kommt vor dem Fall!“

Silke Arends und Lübbert R. Haneborger

Wehrturm Burg Stickhausen

Jutta Oltmanns

Gefährliche Heimkehr

Ich lebte in einem Turm am Ufer der Jümme. Er wurde mir zur Heimat, als ich vier Jahre alt war. Damals starb meine Mutter, die im oberen Stockwerk im Gefängnis einsaß, und der Amtsdiener von Stickhausen nahm mich auf. Er bewohnte mit seiner Frau das Gemäuer und bei dreizehn Kindern kam es ihm auf ein Mädchen mehr oder weniger nicht an.

Die Menschen im Turm sind mir immer fremd geblieben. Die Jungen übersahen mich geflissentlich und die Mädchen ließen mich von Anfang an spüren, dass für die uneheliche Tochter einer Herumtreiberin in ihrer Familie kein Platz war. So wurde der Turm mein Freund. Ich erforschte jeden seiner Winkel, kannte alle Stufen der Wendeltreppe in der Mauer genau und lernte anhand der Schießscharten das Zählen. Wollte ich alleine sein, dann verbarg ich mich in dem gewölbten Keller.

Die Mauern des Turms ersetzten mir die Arme der Mutter, die ich vermisste. In seinem Inneren fühlte ich mich geborgen wie ein Vogel im Nest, doch wie jedes Nest barg auch der Turm eine Gefahr: Man konnte stürzen und sich den Hals brechen!

Beschäftigt mit den Bildern und Ereignissen längst vergangener Tage, stapfe ich mit meiner Tochter durch eine unwirtliche Winterlandschaft und komme Schritt für Schritt dem Dorf näher, das ich 1848 verließ und nie mehr wiedersehen wollte. Ich empfinde Trauer und Sehnsucht gleichermaßen, wie so oft, wenn man an die Fäden des Schicksals denkt, die ein anderer zieht. Tomma und ich sind vor sechs Tagen von Bremerhaven aufgebrochen und zumeist auf Feldwegen gegangen, um die Heerstraße mit ihren Kutschen, Karren und rücksichtslosen Reitern zu meiden. Ich trage unsere Habe in einer Kiepe auf dem Rücken. Meine kleine Tochter hält sich verbissen auf den Beinen. In ihrer verschlissenen Jacke und mit der Schlafhaube, die sie gegen die Kälte aufbehalten hat, sieht sie aus wie ein Zwerg.

Am Morgen habe ich Tomma noch vor Sonnenaufgang aus dem Strohhaufen gescheucht, der unser Nachtquartier gewesen ist. Einen dunklen Wintertag lang sind wir unter einer bedrückend niedrigen Wolkendecke gewandert. Die Weiden sind längst von allem Vieh geleert und vor uns liegt nur flache Ebene, unterbrochen von windgebeugten Bäumen. Jetzt, da die Schatten des Abends sich herabsenken, taucht endlich Detern vor uns auf. Von da aus sind es nur noch eineinhalb Meilen bis nach Stickhausen.

Immer noch pfeift der Wind durchdringend und mit einer Hartnäckigkeit, die an meinen Nerven zerrt. Tomma hat ihre Haube bis auf die Nase heruntergezogen und stapft mit kleinen Schritten unverdrossen hinter mir her. Die Aussicht, ihren Großvater kennenzulernen und das Gemäuer zu sehen, in dem ich meine Kindheit verbracht habe, treibt sie voran.

„Ist es noch weit?“

„Nein, bald haben wir es geschafft.“

„Wird mein Großvater … Wird er nett zu uns sein?“

„Das will ich ihm geraten haben!“

Ich sage es kaum hörbar und fühle ein unangenehmes Kribbeln im Magen. Mich wird der alte Mann auf keinen Fall willkommen heißen, doch vielleicht kann Tomma ihn besänftigen. Sie hat weder mein helles Haar noch meine grünen Augen geerbt, sondern besitzt die dunklen Locken ihres Vaters und ist ihm auch sonst wie aus dem Gesicht geschnitten. In ihn hatte ich mich verliebt, als er nach Jahren fern der Heimat zurückkehrte, um die Gaststube seines Vaters zu übernehmen. Heiko verliebte sich auch in mich und die Zukunft schien wie ein offenes Buch vor uns zu liegen. Doch wir hatten die Rechnung ohne seinen Vater gemacht. Sievert Behrends mochte mich nicht, denn ich war all das, was er verabscheute: aufmüpfig, kratzbürstig, ungehorsam und zudem besaß ich eine Zunge, die schnell und scharf war.

„Du wirst dieses aufsässige Frauenzimmer nicht heiraten! Ich verbiete es dir!"

„Ich lasse mir von dir nichts verbieten, Vater!"

„Dieses Weib hat nichts und ist nichts und kein Mensch weiß, welches Blut durch ihre Adern fließt."

„Das ist mir völlig egal!"

„Aber mir nicht! Junge, sei doch vernünftig! Denk an den Gasthof, an all das, was ich für dich aufgebaut habe. Wenn du die Turmvagabundin hier ins Haus bringst, wird kein Stickhauser mehr einen Fuß über die Schwelle setzen. Sie ist die Tochter einer Hure!"

„Henrika hat in ihrem ganzen Leben noch nichts verbrochen, dessen sie sich schämen müsste. Wir lieben uns und ich werde sie zu meiner Frau machen, mit oder ohne deinen Segen."

„Wenn du das tust, dann habe ich keinen Sohn mehr, dann werde ich Grete als Erbin einsetzen!"

„Ich pfeife auf dich und das Erbe! Du und dieses ganze verdammte Nest – ihr könnt mir gestohlen bleiben!"

Noch in derselben Nacht waren wir aufgebrochen. In seiner Wut hatte Heiko sogar den Siegelring, der seit vielen Generationen vom Vater auf den Sohn überging, zurückgelassen und gut sichtbar auf den Platz des Alten gelegt. Heiko und ich träumten von einem besseren Leben in Amerika, doch unsere Reise fand schon in Bremerhaven ihr Ende. Ein

Fieber griff nach meinem Liebsten und die Kosten für den Arzt verschlangen das Geld für die Überfahrt. Ich war damals schon schwanger, und als Heiko schließlich starb, war an eine Reise in die Neue Welt nicht mehr zu denken.

Ein langer Seufzer entringt sich mir. All die Jahre habe ich versucht, die Kleine allein durch die Zeit zu bringen, mit allen Mitteln. Mit wirklich allen Mitteln! Doch jetzt ist meine Kraft erschöpft. Tomma hat lange genug darben müssen. Sie hat einen reichen Großvater und es ist an der Zeit, den Stolz zu vergessen.

Ich zucke zusammen, als meine Tochter mich am Ärmel zupft und beuge mich zu ihr hinunter. „Die Gefangenen im Turm … gab es unter ihnen eine wie Rapunzel, die ihr Haar herunterlassen konnte?"

„Es gab nur eine Zelle, in der das Fenster groß genug für den Königssohn gewesen wäre. Und zu der Zeit, als ich fortging, saß ein Mann namens Till dort fest."

„Können wir morgen schon zum Turm gehen? Und wirst du mir die Butze zeigen, in der du geschlafen hast? Sie muss ganz schön groß gewesen sein, wenn die anderen drei Mädchen auch noch Platz gefunden haben."

„Wir lagen wie die Heringe im Fass, die Kleinste bei den Füßen."

„Ich würde auch gerne mit mehreren Kindern in einem Bett schlafen."

„Das Leben war nicht so schön, wie du vielleicht glaubst. Wir schliefen nicht nur zu viert in den Butzen, sondern mussten auch sonst alles teilen, was wir besaßen."

„Eure Schuhe und Kleider auch?"

„Jawohl. Selbst die Socken. Es gab nur eine Mütze für alle Söhne der Familie und auch das wollene Tuch für uns Mädchen ging reihum."

„Und ihr habt alle zusammen in der kleinen Küche im Turm gegessen?"

„Wir standen mit unseren Näpfen oder einem Kanten trockenen Brotes in der Hand um den Tisch. Haferbrei war unser tägliches Abendessen. Mittags gab es Suppe, morgens Brot und nur sonntags einen Zwieback obendrauf."

„Und die Gefangenen oben im Turm?"

„Sie erhielten die gleiche Kost wie wir …"

„… und du hast sie ihnen in die Zellen gebracht und bist täglich mitgegangen, wenn der Pedell sie zum Auslauf ins Freie geführt hat", ergänzt meine Tochter.

„Du weißt ja, mich dauerten die Gefangenen. Die meisten hatten nichts Schlimmes verbrochen. Als ich das Dorf verließ, saß in der einen Zelle eine Diebin, die vor lauter Hunger Eier gestohlen hatte, und in der anderen Till, der dem Amtmann die Steuern schuldig geblieben war. Ich mochte Till sehr, denn er verstand sich aufs Geschichtenerzählen. Stundenlang saß ich vor der schweren Tür und lauschte ihm. Manchmal wurde es schon dunkel und die Fledermäuse begannen um den Turm zu kreisen."

Ich seufze und denke an den jungen Mann aus Burlage. Er hatte mich mehr als gemocht. Als seine Verliebtheit zutage trat, war mir der Kontakt mit ihm untersagt worden. Ein Schauer überläuft mich und ich hülle mich noch tiefer in meinen abgetragenen Mantel. Er schützt mich schon viele Jahre vor der Kälte des Winters und ich wünschte, der wärmende Stoff könnte mich auch vor dem Unbehagen schützen, das beim Gedanken an die Vergangenheit über mich hereinbricht.

Als ob sie unser Ankommen noch hinauszögern wollen, beginnen Schneeflocken durch die Luft zu wirbeln. Endlich zeichnen sich am Horizont erste Häuser ab. Lange sind wir keiner Menschenseele begegnet, doch jetzt höre ich hinter mir galoppierende Hufschläge. Der Reiter kommt näher, hat uns schließlich eingeholt und zügelt sein Pferd. Der Mann ist kräftig, trägt einen dunklen Vollbart und auf dem Kopf eine wollene Mütze. Er ist in einen grauen Mantel gehüllt und seine Hände stecken in Handschuhen, die bis zu den Ellenbogen reichen. An eben diesen Handschuhen erkenne ich ihn. Sie werden von Männern seines Faches getragen, die das ganze Jahr über im Erdreich graben. Es ist Eilso, der Totengräber aus Detern. Für manche ist er der Dorftrottel, andere halten ihn für schwachsinnig. Ich weiß es besser. Er ist seltsam, ja, kann keinem Menschen in die Augen sehen, hat merkwürdige Angewohnheiten und stottert zum Gotterbarmen, doch schwachsinnig ist Eilso nicht. Er wurde genauso gemieden wie ich – das machte uns als Kinder zu Verbündeten.

Eilso scheint mich erkannt zu haben und springt vom Pferd.

„Wie schön, dich zu sehen!" Ich strecke ihm meine Hände entgegen.

„Henrika!" Er sagt es, ganz ohne anzustoßen, so, als sei das Wort aus einem anderen Winkel seiner selbst gekommen. Eilsos Augen gleiten über meine Gestalt, als ob er sich vergewissern muss, dass ich es wirklich bin und heil und unversehrt vor ihm stehe. Er drückt ganz kurz meine Hände und lässt mich dann wieder los.

„W...w...was t...t...tust d...d...du hier?"

„Ich suche nach einem Zuhause für meine Tochter und hoffe darauf, dass der alte Behrends sein Fleisch und Blut nicht verhungern lässt."

Jetzt erst scheint er Tomma überhaupt zu bemerken. Eilso lässt sich in die Hocke sinken. Bei ihrem Anblick beginnt es in seinem Gesicht zu zucken. Er erhebt sich langsam wieder und seine Augen huschen hin und her, wie die eines Tieres auf der Suche nach einem Fluchtweg. Eilso versucht etwas zu sagen, bringt jedoch keinen Ton hervor. Er packt meine Schultern und dreht mich mit dem Gesicht in die Richtung, aus der wir gekommen sind.

„Z...z...zurück! Geht z...z...zurück!“

„Warum sollten wir?“

„D...d...du darfst n...n...nicht ins D...Dorf g...g...gehen.“ Er rauft sich die Haare und jetzt macht er mir langsam wirklich Angst. „M...mein Pferd. Ich g...g...gebe es dir. R...reite z...zurück!“

Ich hauche in meine kalten Hände, um ihm nicht ins Gesicht sehen zu müssen. „Ich muss die Rechte meiner Tochter einfordern. Sie soll nicht hungern, nur weil ich zu stolz bin, zu Kreuze zu kriechen.“

„N...n...nein!“

Eilso kramt in seinen Taschen und fördert eine Geldbörse zutage. Er streckt sie mir entgegen.

Ich wehre ab. „Was ist nur los?“

Er starrt mich mit einem wilden Ausdruck im Gesicht an. Ich gehe einen Schritt auf ihn zu, doch Eilso weicht vor mir zurück, springt auf sein Pferd und prescht davon, als ob der Teufel hinter ihm her sei.

„Wer war das, Mama? Der Mann hat mir Angst gemacht.“

„Du brauchst dich vor Eilso nicht zu fürchten. Er ist mein Freund. Als Kinder haben wir zusammen Vogeleier gesucht und mit bloßen Händen Fische gefangen.“

„Warum war er so komisch?“

„Ich weiß nicht, was in ihn gefahren ist, Tomma. Komm, lass uns weitergehen.“

Das Schneetreiben nimmt zu, der Wind ist eisig und die Kiepe wiegt schwer. Während weiße Flocken um uns wirbeln, erreichen wir Detern. Das Dorf liegt wie ausgestorben da. Ich blicke auf die Backsteinkirche, die Häuser, auf kahle Birken und Eichen. Die Stille ringsum wird nur vom Brausen des Windes unterbrochen.

Meine Füße finden wie von selbst den Weg zum alten Friedhof, zu den Gräbern unweit des Glockenturms bei der mächtigen Linde. Zögernd lasse ich den Blick schweifen. Sieben Jahre sind eine lange Zeit! Ein mir unbekannter Stein überragt alle anderen und ich trete mit klopfendem Herzen näher. Ich lese die Inschrift auf der Stele und mir stockt der Atem. Ein Schrei versucht sich den Weg über meine Lippen zu bahnen, doch ich bin wie erstarrt und kann den Blick nicht von den Worten lösen.

Dieses Denkmal ist den hieselbst ruhenden Stickhausern Sievert und Heiko Behrends von Grete errichtet worden. Am 20. September 1848 ist mein guter Vormund im 55sten und am gleichen Tag sein Sohn im 25sten Jahr seines Lebens entschlafen. Ihren Seelen möge Gott gnädig sein.

„Was hast du, Mama?"

Tommas kleine Hand schiebt sich in meine. Ich nehme es kaum wahr. Schwindel überkommt mich. Irgendwie gelingt es mir zu atmen, obwohl jeder Atemzug in meiner Brust brennt. Am 20. September … Heiko Behrends … entschlafen. Das ist unmöglich! Heiko kann nicht in dem Grab zu meinen Füßen liegen. Er ist in Bremerhaven gestorben und ich habe beim letzten Atemzug seine Hand gehalten.

„Mama?"

Schritt für Schritt weiche ich zurück. Zuerst langsam, dann in rasender Eile. Weg von hier! Ich zerre meine Tochter hinter mir her. Der Schnee fällt immer dichter, weht mir direkt ins Gesicht, doch ich spüre die Kälte kaum. Erst als wir vor Eilsos Hütte stehen, halte ich mit keuchendem Atem inne. Aus dem Schornstein steigt kein Rauch auf und hinter den Fenstern ist es dunkel. Ich klopfe an die Tür, zuerst zaghaft, dann mit beiden Fäusten. Niemand öffnet! Ich lehne den Kopf gegen das Holz und würde am liebsten weinen.

„Mir ist kalt, ich bin müde und habe Hunger. Gehen wir jetzt endlich weiter?"

Ich nicke nur und zeige zur Straße. Das Kind beginnt mit verbissener Miene zu laufen und ich wanke wie im Fieber hinter ihm her. Schnee peitscht uns wie kleine Eissplitter ins Gesicht, kriecht in die Stiefel, in die Ärmel, in Augen und Nase. So wie die Flocken wirbeln auch meine Gedanken. Der Alte ist also tot, aber welcher Leichnam liegt neben ihm im Grab? Was ist an jenem 20. September, dem Tag unseres Aufbruchs, in Stickhausen geschehen? Grete war Sievert Behrends' Mündel und hat den Grabstein aufstellen lassen. Führt sie jetzt auch die Gaststube?

Ich sehe Grete vor mir, ein Findelkind, das Sievert Behrends in seine vielgerühmte Obhut genommen und das ihm bald die früh verstorbene Frau ersetzt hatte. Grete, mit der kräftigen Gestalt und dem breiten Kreuz, die nie hübsch gewesen war und der die Unzufriedenheit schon früh tiefe Linien um Mund und Augen gegraben hatte.

„Sieh nur, dort drüben! Ist er das?"

Die aufgeregte Stimme meiner Tochter reißt mich aus den Gedanken. Mein Blick folgt ihrem Finger und ich erkenne zwischen den hohen alten Bäumen das Kuppeldach des Turms. Erhaben, stolz und trutzig erhebt er sich in den verschneiten Himmel. Zum ersten Mal seit den Tagen unserer Wanderung spüre ich so etwas wie Freude in mir aufsteigen.

Die Aussicht, bald anzukommen, lässt Tommas Füße schneller werden. Zur Linken kann ich die Jümme ausmachen, hinter der sich in der Dämmerung Himmel und Erde nicht unterscheiden lassen. Kurz vor der Brücke über den Fluss erreichen wir die Wirtsstube. Im spärlichen Licht erkenne ich statt der Scheune ein neues Backhaus. Über der Gaststätte knarrt ein Schild im Wind und ein verängstigtes Wiehern kommt aus dem Anbau.

Mir bebenden Händen öffne ich die Eingangstür und sofort schlägt mir der vertraute Geruch nach Holzfeuer, Gebratenem und Bier entgegen. Die Wirtsstube beherbergt nur einen alten Mann, den ich noch nie gesehen habe. Er sitzt auf einer Bank nahe der Feuerstelle und löffelt eine Suppe.

Ich grüße laut und Tomma tut es mir nach. Grete, die zunächst dienstfertig hinter der Theke hervorgehastet kommt, erkenne ich sofort wieder. Ihre Freundlichkeit ist wie fortgewischt, als ihr klar wird, wer ich bin. Für die Winzigkeit eines Augenblicks glaube ich Entsetzen in ihren Augen zu sehen, doch dann beginnt sie lauthals zu keifen.

„Du wagst es, hier aufzutauchen?! Mörderin, verdammte!"

„Was fällt dir denn ein? Ich? Eine Mörderin?"

„Und ob! Die Scheune ist in derselben Nacht abgebrannt, in der ihr beiden damals verschwunden seid! Das war doch kein Zufall!"

„Heiko und ich …"

„Erzähl mir nicht, du hättest schlussendlich doch erkannt, dass der Revoluzzer besser zu dir passt. Das habt ihr beiden euch damals fein ausgedacht. Du hast Heiko in das Strohhaus gelockt, ihn um sein Geld erleichtert und dem Armen das Dach über dem Kopf angezündet. Er ist in der Scheune verbrannt!" Ihre Hände beben und das Gesicht ist blutleer. „Heikos Leiche war so verkohlt, dass sein Vater ihn nur anhand des Siegelrings erkannte. Der Schock hat den Alten umgebracht. Ja, reiß du nur deine Augen auf! Zwei Männer hast du auf dem Gewissen!"

„Ich habe Heiko nicht …"

„Du hast ihn belogen und betrogen, hast hinter seinem Rücken ein Verhältnis mit Till angefangen. Der hat dich doch mit den Augen verschlungen."

„Ich hatte nichts mit Till!"

„Lüg doch nicht! Hier wissen es eh alle. Wo ist er denn jetzt, dieser Kerl? Hat dich sitzenlassen mit dem Balg, was?"

Sie weist auf Tomma, die ihren Kopf erschrocken in meinem Rock vergraben hat.

„Hör zu, Grete, das alles ist unmöglich. Ich habe das Strohhaus nicht angezündet. Ich hatte auch nichts mit Till …“

„Das wird morgen früh der Richter klären können. Ich lasse dich nicht eher aus dem Haus, bis er dich abführen lässt!“ Sie schreitet zur Tür, dreht den Schlüssel um und steckt ihn triumphierend in ihre Rocktasche.

Der Gast macht große Augen und erhebt sich mühsam. „Wird besser sein, ich geh auf meine Kammer, Frau Wirtin. Morgen in aller Frühe muss ich aufsitzen.“

Ohne ein weiteres Wort treibt Grete uns die Treppe hinauf und reißt eine Tür auf. Der Schlüssel dreht sich im Schloss – dann ist es dunkel. Mit bebenden Händen taste ich nach der Kerze auf dem Nachttisch. Tomma zittert vor Kälte und vor Angst. Ich gebe ihr unser letztes Brot und versuche, das Kind zu beruhigen. Lange sitze ich auf der Bettkante und halte die Hand meiner Tochter, bis sie schließlich völlig erschöpft einschläft. Mich selbst flieht der Schlaf und irgendwann setze ich mich in den Sessel beim Fenster. Schaudernd, fröstelnd bis ins Mark, versuche ich einen klaren Gedanken zu fassen. Unversehens muss ich an das Märchen von Rapunzel denken. Der Königssohn! Er vermutet seine Liebste im Turm, findet aber eine böse Zauberin vor. Von dieser getrieben, springt er aus dem Fenster. Der Turm! Till! Ich zwinge mich, den Gedanken zu Ende zu denken und fühle nacktes Grauen. Mein Mund ist wie ausgetrocknet und ich warte nur noch auf Schritte, die kommen müssen.

Treppenstufen knarren, der Schlüssel wird herumgedreht und dann öffnet Grete die Tür. In einer Hand trägt sie eine Laterne, in der anderen ein Messer.

„Du hast dir Zeit gelassen“, sage ich.

Grete setzt die Lampe ab und schließt die Tür. „Schlau warst du schon immer. Wann hast du es herausgefunden?“

„Zu spät.“

„Warum in drei Teufels Namen konntest du nicht bleiben, wo der Pfeffer wächst?"

„Damit dein Verbrechen nie ans Tageslicht kommt?"

„Es wird nicht ans Licht kommen!"

„Der Gast … Er weiß, dass ich …"

„Ein Handelsreisender – und dies ist der letzte Auftrag vor seinem Ruhestand."

„An jenem 20. September … Du hast irgendwie erfahren, dass Heiko und ich Stickhausen verlassen würden, nicht wahr?"

„Er hat sich schließlich laut genug mit seinem Vater gestritten!"

„Und als wir dann fort waren, da hast du Till getötet."

„Es war ganz leicht. Ich habe der Frau des Pedells angeboten, ihr beim Einkochen zu helfen und später am Abend den Gefangenen ihre Rationen gebracht. Dieser Revoluzzer, er hatte doch immer das Fenster auf, um die Fledermäuse besser beobachten zu können – ein kleiner Stoß und er lag unten im Gestrüpp. Hat nicht einmal geschrien. Dann, in der Nacht bin ich zum Turm zurück, hab die Leiche zum Strohhaus geschleppt und das Feuer gelegt. Den Siegelring hatte ich gleich nach eurem Aufbruch an mich genommen. Er sorgte dafür, dass der Alte den Leichnam für den seines Sohnes hielt."

„Warum, Grete?"

„Warum, Grete?", äfft sie mich nach. „Du und ich, wir sind beide aus dem gleichen Holz geschnitzt. Keine Familie, keine Habe, kein Zuhause. Du hast den Mann bekommen, den ich liebte. Da ist es doch nur recht und billig, dass mir das Vermögen zufällt. Ich habe mir schon gedacht, dass der gute alte Onkel Sievert den Schock nicht überleben wird. Glaubst du, es hat mir Freude gemacht, für die beiden Männer die Dienstmagd zu spielen? Warum eine Magd sein, wenn man Herrin werden kann?"

„Grete, ich bitte dich, sei vernünftig und lass mich und meine Tochter gehen. Ich verspreche dir, dass kein Wort über meine Lippen kommen wird."

„Du brauchst mir nichts zu versprechen. Ich werde dafür sorgen!"

Mit einem Satz ist sie bei mir und versucht mich zu greifen, doch ich entkomme ihr mit einem beherzten Sprung.

„Mama?" Der ängstliche Ruf meiner Tochter lenkt mich ab.

„Hab ich dich!"

Die Gewalt ihres Angriffs wirft uns beide zu Boden. Wir ringen miteinander. Tomma stürzt sich auf uns, versucht mich zu befreien, doch Grete fegt sie wie ein lästiges Insekt zur Seite. Ihr Arm holt aus, die Hand mit dem Messer kommt näher … als die Tür auffliegt. Gendarmen stürzen herein, überwältigen Grete und befreien mich. Der Amtsrichter von Stickhausen drängt sich durch die Tür und mit ihm … Eilso.

„I...ich ha...habe Hi...Hilfe g...g...geholt!"

Ich schluchze und strecke ohne ein Wort die Arme nach ihm aus. Ganz gegen seine Art zieht er zuerst mich und dann auch meine Tochter an seine breite Brust. Er hält uns lange umfangen und summt beruhigend. Schließlich versiegen meine Tränen.

„Danke!"

„Wir haben Gretes Geständnis vor der Tür gehört", sagt der Amtsrichter. „Du und deine Tochter, ihr habt nichts mehr zu befürchten."

Es ist überstanden, der Alptraum vorbei! Ich fühle mich vor Erleichterung ganz schwach. Als die Gendarmen Grete abgeführt haben, gehen wir zusammen in die Wirtsstube zurück. Eilso legt Holzscheite nach. Die Flammen knistern und züngeln hoch. Ich sitze auf der Bank und wärme mich an der Glut, während Tomma mit dem Kopf in meinem

Schoß schläft. Eilso lächelt mich an und sein Lächeln ist wie ein Kuss.

Am Morgen hat der Sturm nachgelassen. Ich ziehe meinen Mantel an und verlasse mit Tomma das Haus. Die Dämmerung, die zwischen den Häusern aufsteigt, vertreibt alle Schatten und taucht den Horizont in goldenes Licht. Ich strecke mein Gesicht dem Himmel entgegen und atme tief ein. Vor uns ragt der alte Turm in das Blau.

„Jetzt sind wir zu Hause, Mama, nicht wahr?“

„Ja. Wir sind wahrhaftig angekommen!“

Wehrturm Burg Stickhausen
Landkreis Leer

Die Burganlage Stickhausen, etwa 15 Kilometer östlich der Kreisstadt Leer am Nordrand des Leda-Jümme-Gebietes gelegen, war einst als Bollwerk gegen die Oldenburger von landesgeschichtlich großer Bedeutung. Als die Truppen der Hansestädte zahlreiche Befestigungen in Ostfriesland schleiften, weil dort Seeräuber Unterschlupf gefunden hatten, wurde 1432 auch die Grenzfeste Schlüsselburg nahe Detern zerstört. Nur wenige hundert Meter weiter westlich entstand 1435 Burg Stickhausen als Nachfolgebau, um die westlichen

Im Rundturm, der auf das Jahr 1498 datiert und auf Graf Edzard I. zurückgeht, befindet sich ein Heimat- und Volkskundemuseum. In dessen Erdgeschoss sind Kerkerzellen und Folterwerkzeuge zu sehen.

Handelswege der Hansestadt Hamburg zu schützen. Im Jahre 1453 fiel die Anlage, die zunächst nur aus einem Steinhaus und einer Vorburg mit Torbau und Wirtschaftsgebäuden bestand, zurück an den ostfriesischen Grafen Ulrich I. Cirksena. Anno 1498 entstand unter Graf Edzard I. der massive Rundturm. Nach der Reformation ließ Gräfin Anna 1558 aus Steinen des aufgegebenen Klosters Barthe eine „Dwenger" (Zwinger) genannte Geschützplattform in der Art der polygonalen Bastionen errichten. Im Dreißigjährigen Krieg war die Burg

Die einstige Burg Stickhausen war kein Häuptlingssitz, sondern diente dem Schutz der Handelswege der Hansestadt Hamburg.

mehrfach umkämpft. In den Jahren 1637 bis 1640 wurde die Anlage von hessischen Truppen besetzt gehalten, die den Ausbau zur Festung mit einer dreiflügeligen Hauptburg vollendeten. Nach dem Machtantritt Preußens anno 1744 gab es keine Verwendung mehr für die Burg und Friedrich der Große befahl die Schleifung der Festung, von der heute nur noch der große Rundturm und Reste der Wallanlagen erhalten sind. In der Folgezeit bildete das 1822 um- und ausgebaute ehemalige Torgebäude den Dienstsitz des Amtmannes, der Turm wurde als Gefängnis sowie als Wohnung genutzt. Aus dem einstigen Unterwerk entwickelte sich der Ort Stickhausen. 1885 kam die Burg in private Hände. Nachdem das Gemäuer im Zweiten Weltkrieg beschädigt worden war, wurden 1951 Maßnahmen zur Sicherung der Bausubstanz ergriffen. Heute befindet sich im Turm ein Museum zur Heimatgeschichte.

Glockenturm Midlum

Usch Luhn

Reik

Zuerst waren es die Zwerghühner.

Sie lagen ordentlich wie auf eine Perlenschnur gereiht in ihrem Käfig und waren mausetot.

Enno war darüber ganz außer sich vor Kummer. Er hatte die Braungefiederten bereits richtig in sein Herz geschlossen. Aus dem Brief vom Gesundheitsamt, den er ein paar Tage später erhielt, erfuhr er, dass es ein Virus gewesen war, der seine Zwerghühner dahingerafft hatte. Nicht diese gefährliche Vogelgrippe, aber trotzdem absolut tödlich.

„Unsinn", schüttelte Enno fassungslos den Kopf. „Nicht meine Hühner. Nicht meine Hühner. Die waren doch immer kerngesund. Da ist doch was faul!"

Nur seine Frau war erleichtert. Sie fand, die unnützen Tiere hatten ohnehin zu viel Dreck gemacht, und gegen Hühnereiweiß war sie allergisch. Stattdessen hatten die lärmenden Vögel ihre Salatpflänzchen aus dem Gemüsegarten gerupft, die hellen Steinplatten mit ihrem Kot verunreinigt und frühmorgens die Nachbarn aus dem Schlaf gekreischt.

Die Leute vom Gesundheitsamt hatten alle Hühner als „Sondermüll entsorgt" (so stand es weiter unten in dem Brief). Enno konnte sie nicht einmal mehr feierlich beerdigen. Trotzdem bastelte er mit Reik, dem neunjährigen Sohn von Kluges, ein schlichtes Kreuz, das er direkt neben dem Goldfischteich in die Erde rammte.

Kurze Zeit später brannte Kluges' Autowerkstatt bis auf die Grundmauern ab.

Die Feuerwehr war viel zu spät gerufen worden, um noch irgendetwas zu retten.

Kluges selber hatte bis zum Morgengrauen auf einer silbernen Hochzeit gefeiert und sich um das Heulen der Sirenen nicht geschert, bis sein Handy klingelte. Die Oldtimer, die Kluges nach Feierabend restaurierte, waren nicht versichert gewesen. Wer konnte sich heutzutage denn noch die hohen Prämien für so ein Hobby leisten?

Kluges war ziemlich hart im Nehmen. Aber als er den zerbeulten roten Kotflügel seines Mercedes 190 SL, Baujahr 1958, seinem eigenen Geburtsjahr, aus dem dampfenden Schrott rettete, sah Reik seinen Vater zum allerersten Mal in seinem Leben weinen.

Überhaupt gewann man den Eindruck, als ginge in Midlum gerade ständig etwas schief, selbst wenn es nur Salz war, das im Schwarzbrot fehlte. Ein Fehler, der dem Dorfbäcker Bronn in dreißig Jahren Backstube nie zuvor unterlaufen war.

Feuerwehr und Polizei waren in diesen Tagen buchstäblich rund um die Uhr unterwegs. Sie ermittelten wegen toter Goldfische in einer Regentonne, protokollierten geköpfte Gartenzwerge in einem Vorgarten, schlichteten einen Nachbarschaftsstreit, bei dem eine Forke zum Einsatz gekommen war, und retteten einen ausgesetzten Hundewelpen aus einer Kastanie.

Gerade als die Feuerwehrleute nach Hause fahren wollten, nahm ein vollbeladener Gemüselaster aus Holland die Kurve in der 30er Zone viel zu scharf und landete in der Küche einer frisch renovierten Anliegerwohnung. Wie durch ein Wunder wurden keine Personen verletzt. Nur der Hamster der jüngsten Tochter erlitt einen Herzstillstand.

Der spektakuläre Verkehrsunfall kam selbst der Mittagszeitung zu Ohren und der Chefredakteur schickte einen Reporter. Der sollte herausfinden, was in Midlum los war.

Der Mann fotografierte das Hühnergrab und Kluges vor seinem Kotflügel, den dieser gegen den Protest seiner Frau über dem Sofa aufgehängt hatte, fand noch ein paar verblichene Gartenzwergscherben auf dem englischen Rasen, und machte ein weiteres Foto von dem Krater, den der Laster in der Hauswand hinterlassen hatte. Im Hintergrund war recht unscharf der leere Hamsterkäfig zu erkennen.

Interview bekam er allerdings keines. Die Dorfbewohner, bei denen er klingelte, wollten ihre Ruhe haben und knallten ihm wortlos die Tür vor der Nase zu.

Deshalb fuhr der Reporter eilig zurück in seine Zeitung. Fotos für die nächste Ausgabe hatte er auf jeden Fall genügend. Und die passende Story dazu würde sich auch noch finden. Midlum selbst hatte nicht viel zu bieten, außer seinem schiefen Glockenturm. Doch der war mittlerweile auch ein alter Hut.

Nur bei Wanda war alles wie immer.

Obwohl sie schon ziemlich alt war, werkelte sie täglich mit krummem Rücken in ihrem Garten, bevor sie hinüber zur Kirche ging. Sie züchtete die zartesten Bohnen und die süßesten Erdbeeren; und wenn Reik ihr beim Jäten geholfen hatte, vergaß sie nie, ihm einen gut sortierten Beutel frisches Gemüse für zuhause einzupacken.

Aber lieber als um Gartenarbeit kümmerte sich Reik um die Katzen. Oft waren es ein ganzes Dutzend, dann wieder nur eine Handvoll. Sie kamen und gingen, wie es ihnen gefiel. Und vermehrten sich mal mehr, mal weniger. Alles andere, sagte Wanda, war gegen ihre Natur.

Irgendjemand hatte dem Tierschutz deshalb einen anonymen Tipp gegeben. Der Dame, die bald danach auftauchte, hatte Wanda auf ungewohnt strikte Weise ihre Ansicht klargemacht. Seitdem ließ man sie in Ruhe.

Jedenfalls waren die Katzen zutraulich, sobald sie merkten, dass man es gut mit ihnen meinte und strichen Reik werbend um die Knöchel, wenn er ihnen Futter hinstellte oder sie mit verdünnter Milch versorgte. Fast genau so gerne wie mit Wandas Katzen verbrachte Reik seine Zeit drüben in der Kirche. Nicht zum Gottesdienst. Sondern, wenn Wanda auf der großen Orgel übte. Das Spielen hatte sie bereits als kleines Kind in Ostpreußen gelernt, bevor sie mit ihren Eltern von dort vertrieben wurde. Als diese bald starben, kam sie gut alleine zurecht. Sie war geschickt mit der Nadel, Hemden und Hosen zum Flicken gab es immer. Ein einziges Mal hatte sie sich ein sonnengelbes Kostüm geschneidert und auf einer Hochzeit getragen.

An diesem Abend tanzte sie Walzer mit einem Fremden, der auf der Durchreise war, doch das Kind, mit dem sie danach schwanger war, verlor sie. Das Kostüm verschwand sorgfältig verpackt für immer auf dem Boden. Und als besitzloser Flüchtling hatte sich auch später kein Mann gefunden, der sie heiraten wollte. Aber sie litt nicht darunter. Sie hatte zu tun.

Schon viele Jahre gingen Kinder aus dem Dorf bei ihr ein und aus, doch niemanden hatte sie so sehr ins Herz geschlossen wie Reik. Ihm beschrieb sie zum ersten Mal das Schneetreiben auf der Flucht durch die eisige Winternacht, ihm erzählte sie von den erfrorenen Kindern am Straßenrand, die sie gesehen hatte; und immer wieder wollte Reik die Geschichte von dem schwarzen Kätzchen hören, das Wanda gerettet, unter ihrem verschlissenen Wollhemd versteckt und mit dem sie ihren letzten Tropfen Milch geteilt hatte.

„Und dann? Was ist dann später mit dem schwarzen Kätzchen passiert?“, fragte Reik jedes Mal mit Bangen.

„Tot“, antwortete Wanda knapp. „Erschlagen von den Männern, die es entdeckt haben. So waren die Zeiten.“ Mehr wollte sie dazu partout nicht sagen. Und Reik hatte das Gefühl, dass ihm beinahe das Herz brach. –

An diesem Nachmittag spielte Wanda ein neu eingeübtes Kirchenlied zum ersten Mal in allen Strophen: Oh, dass ich tausend Zungen hätte ...

Reik rannte mit Riesenschritten hinüber zu dem alten Glockenturm. Seit kurzem wohnte unter dem Dach des Turms ein ganz besonderer Geselle. Wanda nannte ihn nur den Norweger. Sein langes Fell war hellgrau, mit einer weißen Halskrause so edel wie von einem Fürsten, einem buschigen Schwanz und riesigen zotteligen Pfoten. Aber das schönste an seiner Erscheinung waren die eisblauen Augen.

Er näherte sich niemandem auf ein paar Schritte außer Wanda. Aber Reik durfte ihm warme Milch geben und ihn anschauen, ohne dass er sich von ihm abwandte. So sahen sie sich manche Stunde tief in ihre Seelen.

Anders als die Katzen unten, ließ der Norweger sich nicht im Garten blicken. Vielmehr thronte er reglos unter den höchsten Arkaden des Turms, bis die Sonne unterging.

Oh, dass ich tausend Zungen hätte und einen tausendfachen Mund, spielte Wanda drüben in der Kirche. Morgen sollte das erste Enkelkind des Bürgermeisters getauft werden und die Eltern hatten sich das stimmungsvolle Lied als Taufied gewünscht.

Der Norweger hatte die Milch, die Reik ihm mitgebracht hatte, gerade bis auf den letzten Tropfen aufgeschleckt, als das Geschrei losging. Als Reik sich über die Mauer beugte und auf den Kirchplatz schaute, entdeckte er Enno, der gerade aus seinem Auto stieg.

„Kurzarbeit", brüllte er. „Die haben mich einfach auf Kurzarbeit gesetzt. Schweine. Alles Schweine", brüllte er. Er war aufgebracht und hatte wohl getrunken, denn er stolperte kopflos über eine junge Katze, die sich vor ihm auf dem Weg duckte und ihn ängstlich anfauchte.

„Verdammte Katzenbrut." Er trat wütend nach ihr.

Die Katze jaulte schmerzerfüllt auf. Offenbar hatte er sie ernsthaft verletzt, denn anstatt zu flüchten, blieb sie wie betäubt liegen.

„Enno! Nein!", schrie Reik angstvoll.

Enno holte mit dem Fuß aus und kickte die Katze wie einen Fußball gegen die Mauer des Glockenturms.

Er lachte aus vollem Hals. „Verrecke, du Unglücksvieh." Die Katze schrie qualvoll auf, als sie gegen den hellen Stein krachte. Gleich darauf fiel sie wie tot zu Boden. Um das schwarze Fellbündel herum breitete sich eine helle Blutlache aus.

„Nein! Nein! Nein!", schluchzte Reik und kippte wie im Schwindel vorneüber.

Er prallte mit seiner Stirn auf den Mauervorsprung, bevor er ohnmächtig auf den Steinboden sackte.

Im selben Augenblick sprang der Norweger auf die Mauer. Er streckte sein mächtiges Haupt in den Himmel und stieß einen hohlen, scheinbar nie mehr endenden Schrei aus.

Oh, dass ich tausend Zungen hätte und einen tausendfachen ...

Das Tauflied brach mitten im Satz ab.

Die ersten Schaulustigen fanden sich ein. Jemand drehte ein Video mit seinem Handy. Gleichzeitig füllte sich der Kirchhof in unheimlicher Geschwindigkeit mit Katzen. Aus allen Himmelsrichtungen strömten sie herbei. Sie umrundeten Enno in einem immer enger werdenden Kreis. Panik ergriff ihn. Er schaute nach oben zum Glockenturm und blickte direkt in die eisblauen Augen des Norwegers.

Enno verstand.

Kluges stoppte mit seinem Jeep. Mit einem Blick erkannte er die Lage, sah auch die tote Katze und ging mit schnellem Schritt auf Enno zu.

„Da oben!", brüllte Enno wie von Sinnen und stieß Kluges zur Seite. „Da oben sitzt ihr Anführer. Man muss das Übel mit der Wurzel ausrotten. Den mache ich kalt."

Er rannte zu seinem Auto und holte sein Gewehr aus dem Kofferraum. Bevor ihn jemand daran hindern konnte, legte er das Gewehr an, zielte auf den Glockenturm und schoss. Schon eine Tausendstelsekunde danach erkannte er seinen Fehler.

Enno war immer ein Meisterschütze gewesen. Die Kugel traf Wanda mitten auf die Stirn. Sie war auf der Stelle tot. –

Die Ermittler waren sich ausnahmsweise einig, dass es sich um einen tragischen Unfall handelte. Auch wenn Wanda weder Familie noch eine Sterbeversicherung hatte, übernahm die Gemeinde die Kosten für ihre Beerdigung großzügigerweise. Selbst auf die traditionelle Teetafel musste nicht verzichtet werden. Nur das laute Katzengejammer störte die getragene Stimmung. Die Dame vom Tierschutz hatte das alles schon vorher gewusst. Trotzdem fand sich in der Katzenfrage keine rechte Lösung. Täglich wurden es mehr. Bei Sonnenschein lagen sie träge in der Sonne, regnete es, zogen sie sich unter die Arkaden oben im Glockenturm zurück.

Der Reporter der Mittagszeitung hatte endlich seine Story, und sogar ein Filmteam aus Hamburg drehte eine Reportage über den Katzenturm und machte jede Menge Tonaufnahmen. Taufen, Beerdigungen und selbst die Gottesdienste fanden bis auf Weiteres im Nachbarort statt. So konnte es nicht weitergehen.

Schließlich traf man einen radikalen Entschluss. Die Männer von Midlum, die sich im Morgengrauen auf dem Kirchplatz trafen, waren fest entschlossen. Es dauerte einen langen Tag, bis sie dem widerspenstigen Turm mit Spitzhacken den Garaus gemacht hatten. Danach hatten sich auch die Katzen in alle Winde zerstreut. –

Es war schon spät, als Reik an seinem Schreibtisch saß und aus dem Fenster schaute. Auf seiner Stirn würde nur eine sehr kleine Narbe zurückbleiben.

Plötzlich entdeckte er einen hellen Fleck, der sich eilig über das Feld davonbewegte. Reik lächelte zum allerersten Mal, seit Wanda tot war.

Er sah dem Norweger nach, bis dieser im vollen Mond verschwand. Dann holte er eine Liste aus der Schublade.

Gewissenhaft strich er den ersten Namen durch und stand auf. –

Die Opferung des Glockenturms von Midlum durch die Dorfbevölkerung zeigte leider nicht den gewünschten Erfolg. In derselben Nacht ertrank Enno auf tragische Weise in seinem Goldfischteich, nachdem sich sein Fuß in einer Tierfalle verfangen hatte, wie sie gerne für Füchse und streunende Katzen benutzt wurden.

Und das war erst der Anfang.

Ähnlichkeiten mit lebenden Personen oder Persönlichkeiten des öffentlichen Lebens sind nicht beabsichtigt und wären rein zufällig. Der Glockenturm von Midlum steht immer noch an dem bekannten Ort im Rheiderland und ist mit 6,74 Grad tatsächlich schiefer als der berühmte Turm von Pisa mit 3,97 Grad. Und das wird noch lange so bleiben.

Glockenturm Midlum
Landkreis Leer

Die Dorfkirche von Midlum im Rheiderland ist eine der ältesten in Ostfriesland. Der romanische Bau entstand um 1200 und weist mit seinem freistehenden Glockenturm eine architektonische Extravaganz auf, die jeden Besucher des kleinen Ortes an der Ems in Staunen versetzt: Der Glockenturm hat einen Neigungswinkel von 6,74 Grad und erweckt den Anschein, als wolle er alsbald zur Seite kippen. Der Bau mit den auffallend großen Klangarkaden wurde etwa 100 Jahre nach dem Gotteshaus errichtet und gilt hierzulande

Kirche und Glockenturm von Midlum gehören zu den wenigen Bauten in Ostfriesland, die von Fehden oder Kriegen verschont blieben. Der 14 Meter hohe Glockenturm zeigt sich schiefer als der Turm von Pisa.

als einer der ältesten Glockentürme. Es ist dem nachgiebigen Boden Ostfrieslands geschuldet, dass die Mauern des 14 Meter hohen Gebäudes mit der Zeit der Erdanziehung folgten. Es heißt, dass eine gewisse Neigung schon während der Entstehung eingetreten ist, sodass der Turm nach seinem ersten Absacken wieder begradigt worden sein soll. Im 18. Jahrhundert mauerte man den unteren Bereich zu, um eine gewisse Stabilität zu erreichen – aber auch damit war der Laune des Bodens, wie es heute nur allzu ersichtlich ist,

Aila Lührsen
Hier ruhet in Frieden
Landwirt
RUHESTÄTTE
FAMILIEN
EDUARD SMID
Johann
3. 3. 1926

Die Orgel von Midlum, anno 1766 von Hinrich Just Müller aus Wittmund für „fünfhundertfünzig Reichs Thaler in Golde" gebaut.

nicht Genüge getan. Bei Restaurierungsarbeiten von 1999 bis 2002 wurde der ursprüngliche Zustand wiederhergestellt. Und noch eine geschichtliche Besonderheit weist der Turm auf: Heimatforscher behaupten, dass er als Vorbild für das alte Rheiderländer Siegel gedient haben soll. Dieses Siegel auf einer Urkunde aus dem Jahr 1276 zeigt ein dreigeschossiges Turmgebäude mit Rundbogenöffnungen, das dem von Midlum ähnelt.

Der Midlumer Kirchenbau hat eine Apsis, in deren Fußboden Grabplatten aus dem 16. Jahrhundert eingelassen sind. Bei besagten Restaurierungsarbeiten wurden an der Nordwand unter anderem ein Wappen und eine Inschrift freigelegt, die in der Übersetzung „Halt dich an Gottes Wort, so wirst du nicht betrogen sein" lautet. Auch ein Hagioskop in Höhe des Altars wurde bei der Kirchensanierung entdeckt.

Klosterturm Ihlow

Andreas Scheepker

Aus und vorbei

Ramona Ewen ächzte die letzten Stufen hoch, bis sie endlich oben auf dem Dachreiter angekommen war. Genau 45 Meter waren es bis zum Aussichtspunkt der Ihlower Kirchenrekonstruktion. Keiner zu wenig, keiner zu viel. Ramona japste nach Luft. Noch war es nicht so weit. Sie schnaufte und sah nach unten. Sie verspürte keine Höhenangst. Dann richtete sie ihren Blick in die Weite. Bis nach Emden konnte man sehen an diesem klaren Herbsttag. Turmspitzen, Kräne. Die Dörfer ringsum kannte sie nicht, nur wo Aurich lag, wusste sie. Ungefähr jedenfalls. Die Bäume ringsum im Ihlower Klosterwald leuchteten in bunten Herbstfarben, so viele verschiedene Farbtöne von Dunkelgrün über Hellbraun und Rot konnte man ausmachen. Schön. Sie genoss den Blick in die Weite. Das Leben zeigte sich von seiner schönsten Seite. Heute, an dem Tag, der Ramonas letzter Tag sein würde. Aus und vorbei.

Sie spähte nach unten, aber die hellgrüne Jacke war noch nicht zu sehen. Vielleicht war sie noch im Klostercafé. Das war in Ordnung. Ramona Ewen hatte Zeit, und die Frau in der hellgrünen Jacke sollte sich auch Zeit nehmen. Für sie würde es in gewisser Hinsicht ebenfalls ein letzter Tag sein. Aus der Lektüre ihrer Kriminalromane wusste Ramona, dass die Auswahl eines Mörders mit der gleichen Sorgfalt erfolgen musste wie die Auswahl eines Opfers. Am liebsten las sie die englischen Romane. Die waren nicht so brutal und humorlos wie die Skandinavier. Ein bisschen mehr menschliche Wärme und Bildung. Ostfrieslandkrimis las Ramona nicht mehr, seit sie herausbekommen hatte, dass ihre Nachbarin, eine pensionierte Verwaltungsinspektorin, Ostfrieslandkrimis schrieb, in denen sie eine begeisterte Staudengärtnerin namens Trudi Saathoff auf Mördersuche schickte. Das musste ja nun wirklich nicht sein.

Ramona sah, dass die Frau in der hellgrünen Jacke aus dem Café kam. Mit entschlossenen, federnden Schritten ging sie über das Gelände zum Klostergarten. Gut, dachte Ramona. Sie hatte alles sorgfältig ausgesucht: den Täter, das Motiv, den Tatort. Ein würdiger Ort für ihr Ableben, dachte Ramona. Unten beim Klostercafé war eine Kastanie nach einem Jungen benannt worden, der in dem kleinen Teich ertrunken war. Hans-Dieter. Auf dem Weg zur Klosterstätte oder zurück zum Parkplatz blieb Ramona dort jedes Mal stehen. Es berührte sie immer wieder aufs Neue. Sie sah auf die beiden großen alten Bäume, die in die Konstruktion integriert waren. Ob man einen der Bäume nach ihr benennen würde? Würde sie nach ihrem Tod mehr Beachtung und Interesse finden, als sie zu Lebzeiten erfahren durfte?

Zwei gescheiterte Ehen, ein altersverwirrter Vater im Seniorenheim, eine Tochter, die vor Jahren den Kontakt abgebrochen hatte, ein sicherer, gut bezahlter und langweiliger Job – das war alles, was das Leben ihr bisher zu bieten hatte. Und mehr würde es auch nicht werden. Sie zog den Brief der Klinik aus ihrer Manteltasche. Die Untersuchungsergebnisse sollte sie ihrem Hausarzt übergeben. Ramona nahm ein Feuerzeug aus ihrer Handtasche und zündete eine Ecke an. Dreimal blies der Wind die kleine Flamme aus, bis das Papier endlich unter dem Schutz ihres geöffneten Mantels Feuer fing. Wie Schneeflocken trug der sanfte Wind die Asche davon.

Ramona Ewen wusste Bescheid. Bei ihrer Mutter war es vor 23 Jahren genauso gewesen. Dieselben Symptome, derselbe Befund. Einige Monate, in denen man sich mit der Krankheit arrangieren konnte, und was dann kam, wusste sie. Von ihrer Mutter und von ihrer Schwester. Vor vier Jahren hatte es mit ihrer Schwester genauso angefangen. Und vor knapp dreieinhalb Jahren hatte es so geendet wie bei der Mutter. Das wollte Ramona nicht. Sie hatte alles gut geregelt.

Die Frau, die sich nun vom Klostergarten in die unteren Räume der Klosterstätte begab, um die umgestürzten Fundamente und Fundsachen des berühmtesten ostfriesischen Klosters zu besichtigen, wusste vermutlich gar nicht, wer Ramona Ewen war. Kennengelernt hatte sie die Frau da unten auf dem Parkplatz vor dem Supermarkt. Gerade wollte sie weiträumig in den letzten Parkplatz in der Nähe des Eingangs einbiegen, da zog die Frau mit ihrem Cabrio an ihr vorbei und nahm den Parkplatz ein. Sie schien Ramona gar nicht bemerkt zu haben. Genau das war es, was Ramona wütend machte: diese Arroganz, mit der manche Menschen andere für so unwichtig hielten, dass sie sie noch nicht einmal wahrnahmen. Im Supermarkt bekam Ramona mit, wie die Frau eine Verkäuferin so lautstark zurechtwies, dass andere Kunden sich umdrehten. Der Zufall wollte es, dass die Frau genau vor Ramona an der Kasse stand. Diesmal, ohne sich vorzudrängeln. Als sie ihre EC-Karte einstecken wollte, fiel sie herunter und Ramona hob sie auf und gab sie der Frau zurück. Ein nebensächliches Kopfnicken sollte sicher so etwas wie „Danke“ bedeuten. Dafür hatte Ramona den Namen der Frau gelesen: Ulrike Watermann. In diesem Augenblick hatte Ramona Ewen ihre Mörderin gefunden.

Ramona Ewen beherrschte das Internet wie eine Primaballerina das Parkett. Schnell hatte sie alle Informationen über Ulrike Watermann gesammelt und ausgedruckt. Dazu verfügte sie durch ihre Arbeit über eine Fülle von Kontakten – ein Beziehungsnetz gegenseitiger kleiner Gefälligkeiten und Hilfeleistungen, die meist darin bestanden, dass man Informationen zur Verfügung stellte. In Ramonas Wohnzimmer sah es aus wie im Büro der Tatort-Kommissare. Fotos,

Zettel, Ortspläne und andere Informationen hingen an der Wand; mit dicken Filzstiften hatte Ramona sie durch Querstriche und Pfeile verbunden und in eine logische Struktur gebracht. Ulrike Watermann war die perfekte Mörderin.

Ulrike Watermann hatte nach dem Abitur eine Ausbildung bei der Bank absolviert und war dann in die Firma des Vaters eingestiegen. Für einige Jahre hatte sie in Firmen von Geschäftsfreunden ihres Vaters gearbeitet, um Beziehungen zu knüpfen und Erfahrungen zu sammeln. Nach dem Herzinfarkt des Vaters übernahm sie die Firma und bootete ihre beiden Brüder aus, indem sie ihnen mit Hilfe ihres Steuerberaters viel zu geringe Beträge als väterliches Erbe ausbezahlte. Ulrike Watermann war in einige unsaubere Geschäfte verwickelt. Da ging es um Bestechung, um Weitergabe von Informationen aus Gremien, um Verweigerung und Erteilung von Genehmigungen. Ihre Weste war nicht weiß geblieben, sie war aber nur leicht bekleckert worden. Durch ihr engagiertes und öffentlichkeitswirksames Mitwirken bei sozialen und künstlerischen Projekten hatte sie sich dennoch ein gutes Standing erworben. Und was einerseits gegen sie sprach, sprach andererseits doch auch für sie: ihre Fähigkeit, Gelegenheiten und Menschen für sich zu nutzen, hart zu sich selbst und hart gegen andere zu sein. Ulrike Watermann gehörte zu den Menschen, die Ramona Ewen zutiefst verachtete. Es würde ihr behagen, eine solche Person für mehrere Jahre unschädlich zu machen.

Ramona sah nach unten. Noch war von der hellgrünen Ulrike Watermann nichts zu sehen. Sie hatte ihr vor ein paar Tagen einen Gutschein für Kaffee und Kuchen, eine Turmbesteigung und einen Einkaufsgutschein für den Klosterladen geschickt. Sehr geschickt sogar. Neulich war in der Zeitung ein Bildbericht über die Watermann erschienen. Sie hatte im Namen der Kaufmannschaft eine großzügige Spende an das

Tierheim gegeben. Ramona war seit Jahren Vorstandsmitglied der „Ostfriesischen Katzenstiftung“, die sich der ausgesetzten und verletzten Katzen annahm und für sie neue Halter suchte. Mit dem Briefpapier der Stiftung und einer Phantasieunterschrift hatte sie im Namen der Stiftung Ulrike Watermann für ihr hochherziges Engagement zugunsten notleidender Katzen gedankt und diesen Dank in Form des Gutscheins zum Ausdruck gebracht, der an diesem Nachmittag einzulösen war. Alles war gut geregelt.

Jetzt erblickte Ramona Ewen wieder die hellgrüne Jacke. Gleich würde die Watermann den Aussichtsturm besteigen. Ramona würde ihr gegenübertreten, würde ihr ins Gesicht sagen, was sie von rücksichtslosen Ellenbogentypen wie ihr halte. Und dass es von ihrer Sorte zu viele gäbe, die in unserer Gesellschaft mitbestimmten. Und dass sie nun eine dieser Sorte für lange Zeit aus dem Verkehr ziehen würde. Vorher, ja das hatte sie sich auch genau überlegt, vorher würde sie so tun, als stolperte sie die Stufen hinunter. Die Watermann würde ihr aufhelfen, wohl oder übel. Ramona würde sich an ihr festhalten, ihr die Hände aufkratzen, einen Knopf von der hellgrünen Jacke abreißen. Das kannte sie aus dem Tatort. Damit wurden die meisten Mörder überführt. Auch in den Krimis, in denen die Ermittlung nicht in den Händen der Gerichtsmediziner lag. Ramona Ewen hatte sich gut vorbereitet.

Und für die Nachbereitung war auch gesorgt. Die Polizei würde alles bei ihr finden, alles belastende Material, das sie über die Watermann gesammelt hatte, und die Kopien von zwei Erpresserbriefen, die Ramona an sie geschickt hatte. Und die Kopie eines Briefes, mit dem sie die Watermann an diesem Tag und um diese Zeit hierher bestellt hatte. Das Original hatte Ramona ihr natürlich nicht zugeschickt. Am Ende würde alles gut. Die Lebensversicherung würde an die Stiftung gehen. Die Katzenstiftung plante den Neubau eines großen Tierheims in Schirum. Mit Ramonas Geld würde man das Vorhaben recht bald verwirklichen können. Und wer weiß, vielleicht würde man das Tierheim sogar nach ihr benennen. Das wäre dann doch etwas anderes als so ein Baum.

Die hellgrüne Frau würde gleich oben ankommen. Noch einmal atmete Ramona tief, sog den Duft des warmen Herbsttages und den Anblick des Ihlower Waldes ein. Als sie sich umdrehte, stand Ulrike Watermann schon an der Treppe und nickte ihr abwesend zu, wie neulich im Supermarkt, als sich ihr Schicksal entschieden hatte, ohne dass ihr das bewusst geworden war. Ramona ging einen Schritt auf sie zu und verlor den Halt. Sie stolperte die Stufen hinunter und fiel auf eine wollweiche hellgrüne Jacke. Ihr Knie schmerzte, ihre rechte Hand war aufgerissen. „Ist alles in Ordnung?“, hörte sie eine besorgte Stimme. Die Watermann, die Ramona im Fallen mit umgestoßen hatte, war sogleich wieder aufgestanden und hielt ihr die Hand hin. „Warten Sie, ich helfe Ihnen hoch.“

Ramona ergriff die Hand und stand mit einem schmerzvollen Ruck auf. Gut, dachte sie, nun ist etwas von meinem Blut an deiner Hand und an deinem Ärmel. Ramona dankte ihr mit einem beiläufigen Nicken, so wie sie es zweimal von der Watermann bekommen hatte. Die Watermann legte den Arm um sie. „Warten Sie, ich helfe Ihnen. Ich kann Sie nach unten begleiten“, sagte sie, und ihre Stimme klang fast freundlich. Aber Ramona durchschaute sie. Vermutlich wollte die Watermann sich wieder einmal als Helferin in der Not stilisieren, unter bewundernden Blicken der Besucher unten die Verletzte stützend.

„Lass mich“, fauchte Ramona und stieß Ulrike Watermann zurück. „Alles aus und vorbei. Ich weiß genau, wer du bist. Ich weiß alles über dich. Hörst du? Alles!“ Die Watermann stand regungslos vor ihr. „Ich wollte doch nur helfen", entrüstete sie sich, und in dieser Entrüstung spürte Ramona sofort die arrogante Reizbarkeit, die für diese Frau typisch sein musste.

„Gar nichts mehr willst du", fuhr Ramona die Watermann an, die kreidebleich wurde und einen Schritt zurücktrat. „Ich weiß Bescheid über dich. Ich habe die Briefe geschrieben. Und nun ist Schluss mit allem. Ich mache jetzt Schluss, und du wirst dafür ins Gefängnis kommen. Du kommst als Mörderin ins Gefängnis. Dann haben die Leute hier ein paar Jahre Ruhe vor dir. Alles aus und vorbei, hörst du?"

„Hören Sie", erwiderte Ulrike Watermann, „heute war ein schlimmer Tag für mich. Wenn Sie wollen, können wir gern einen Kaffee unten trinken und über alles …" Aber Ramona unterbrach sie: „Alle da unten können bezeugen, dass du mich hinuntergestoßen hast. Du bist erledigt. Alles aus und vorbei."

„Alles aus und vorbei", wiederholte Ulrike Watermann stockend. Es war heute das dritte Mal, dass jemand diese Worte zu ihr sagte. Zuerst Jan, als er heute Morgen Schluss mit ihr gemacht hatte. Endgültig. Weil ihr die Firma immer wichtiger war als er und seine Tochter. Ein paar Mal hatten sie es wieder versucht, und jedes Mal waren sie wieder in der Sackgasse gelandet, in der sie jetzt waren. Nun war Schluss. Aus und vorbei, hatte Jan gesagt. Endgültig. Und Anne Tholen von der Bank hatte dasselbe gesagt. Einen neuen Kredit gäbe es nicht. Aus und vorbei. Der Vorstand hätte nach Einsicht in ihre Geschäftsbücher die Finanzierung eines weiteren Darlehens abgelehnt und ihr aus Kulanz einen Anwalt empfohlen, der mit ihr alles Weitere abwickeln würde. Insolvenz. „Aus und vorbei. Endgültig", sagte die Watermann noch einmal. Ganz leise. Aber laut genug, dass Ramona sie hören konnte.

Ramona hatte keine Furcht. Sie sah noch einmal nach unten. Einige Besucher standen zwischen den Säulen, aber niemand sah nach oben. Ramona wusste, dass sie jetzt das Richtige tat. Sie musste nur an die letzten Tage und Wochen ihrer Mutter und ihrer Schwester denken. Als sie wieder hochschaute, war Ulrike Watermann verschwunden. Ramona Ewen eilte trotz ihrer Schmerzen zum Treppenturm. Es war nichts zu sehen. Dann hörte sie Schreie und Rufe von unten. Und dann sah sie nach unten, sah einige Menschen in einem engen Kreis um einen hellgrünen Fleck herum stehen. Ramona Ewen konnte sich nicht von der Stelle rühren.

„Das können Sie dem Haftrichter erzählen“, sagte Hauptkommissar Rudolph Jakobs. Er beugte sich ein Stück nach vorn und blinzelte die völlig aufgelöste Ramona Ewen so freundlich an, wie es ihm möglich war.

„Frau Ewen, machen Sie klar Schiff. Gestehen Sie einfach. Wir haben in Ihrer Wohnung alles gefunden: die Fotos, die Informationen, Zeitungsartikel, sogar die Erpresserbriefe. Blut und DNA-Spuren konnten wir an der Kleidung sicherstellen. Bei Ihnen beiden. Die Mitarbeiterin aus dem Klosterladen erinnert sich sogar, dass Sie letzte Woche die Gutscheine gekauft haben. Es hat keinen Sinn, zu leugnen. Sie wollten Ulrike Watermann erpressen, und als Frau Watermann darauf nicht einging, haben Sie sie hinunterbefördert. Sie sind viel größer und kräftiger als sie. Wie viel wollten Sie von Frau Watermann erpressen? Pech, dass da nichts mehr zu holen war. Die Bank hat schon heute Morgen den Geldhahn zugedreht. Aus und vorbei.“

Klosterturm Ihlow
Landkreis Aurich

Das Kloster Ihlow war eines der bedeutendsten Klöster im nordwestdeutschen Raum. Es wurde gegründet, nachdem das Kloster Meerhusen in den Orden der Zisterzienser aufgenommen worden war. Meerhusen war ein Doppelkloster, das heißt, es existierten auf dem Gelände ein Mönchskloster und ein Nonnenkloster. Die Ordensregel der Zisterzienser untersagte ein Miteinander von Nonnen- und Mönchskloster, sodass die Nonnen in Meerhusen blieben und für die Mönche ein neues Kloster eingerichtet werden musste.

Die Klosterstätte Ihlow mit Forsthaus, Klostergarten und Imagination der ehemaligen Klosterkirche (links). Der Besucher gelangt über einen Treppenturm auf den Dachreiter, der sich in 45 Meter Höhe befindet.

1228 wurde das Kloster „ter Yle" (Yl-loh = Eibenwald) gegründet und erhielt von Bischof Gerhard II. von Bremen den Beinamen „Schola Dei" (Schule Gottes). Die Klosterkirche gehörte hierzulande zu den größten Sakralbauten. Das Kloster Ihlow bekam bald eine herausragende Bedeutung für Ostfriesland. Vermutlich befanden sich hier das Archiv und die Kanzlei des Bundes der Friesischen Seelande. Die Ihlower Äbte mussten oft in Konfliktfällen vermitteln und wirkten als Schiedsrichter auch bei Verträgen mit anderen Ländern

Im Klostergarten wachsen unter anderem Heilpflanzen und Küchenkräuter, außerdem gibt es einen Hexen- und einen Mariengarten.

mit. Die ostfriesischen Häuptlingsfamilien waren eng mit dem Kloster verbunden. So übte die Familie tom Brok die Schutzherrschaft über das Kloster aus, und Söhne bedeutender Familien des Landes lebten und wirkten dort als Mönche in leitender Funktion.

In der Reformationszeit wurde das Kloster aufgelöst und die Kirche abgerissen, die übrigen Gebäude wurden in den Folgejahren abgebrochen und zerstört. Der Altar des Klosters, der „Ihlower Altar“, war erst kurz vor der Reformation in der berühmten Holzschnitzerei der Lukasgilde in Antwerpen entstanden. Nach dem Abriss der Klosterkirche befand er sich für gut 100 Jahre in der Auricher Schlosskapelle, bis Graf Ulrich II. ihn der Auricher Stadtkirche überließ. Dort, in der Lambertikirche, ist der geschichtsträchtige Altar bis heute zu sehen.

Das Gelände war von den ostfriesischen Grafen als Jagdrevier genutzt worden, für etwa 150 Jahre stand hier sogar ein Jagdschloss. 1834 wurde dann ein Forsthaus gebaut. In der ersten Hälfte des 19. Jahrhunderts erfolgte die planmäßige Vergrößerung und Aufforstung des Ihlower Waldes.

Ende der 1970er Jahre fanden erste Grabungen statt, und es wuchs die Idee, auf dem ehemaligen Klostergelände eine Rekonstruktion der Klosterkirche entstehen zu lassen. Eine engagierte Kooperation zwischen Klosterverein, der Gemeinde Ihlow und dem Kirchenkreis Aurich sowie die finanzielle Unterstützung von Institutionen und Firmen machten die Verwirklichung des Projekts letztlich möglich: die Klosterstätte Ihlow konnte neu aufgebaut werden.

Im Jahr 2009 wurde die Klosterstätte mit der Stahl-Holz-Rekonstruktion des dänischen Architekten Finn Larsen eröffnet, die einen Eindruck von der Höhe und Größe dieser Kirche vermittelt. Die Umrisse der imposanten Kirche werden durch mit Efeu bewachsene Stahlgitterwände nachgebildet. Der „Raum der Spurensuche" unter dem Chorraum der „Imagination" lädt ein, Fundamente und Fundstücke des einstigen Klosters zu betrachten und sich über dessen Geschichte zu informieren. Außerdem finden hier kulturelle und gottesdienstliche Veranstaltungen statt. Empfehlenswert ist der Aufstieg über den Treppenturm auf den Dachreiter, denn von dort aus hat man einen einmaligen Blick über die Landschaft. Im ehemaligen Forsthaus befinden sich ein Klostercafé nebst Laden sowie ein Ausstellungsbereich.

Die Klosterstätte ist inzwischen ein viel besuchter Anziehungspunkt, der seine einzigartige Atmosphäre bewahrt hat. Ob seiner religiösen, historischen und kulturellen Tradition zieht er Gäste und Einheimische gleichermaßen in den Bann. Klostertage, Ausstellungen, Gottesdienste, Führungen, Vorträge und musikalische Angebote laden das ganze Jahr über ein, die „Stillen Räume Ihlow" zu entdecken.

Der unterirdische Altar aus geleimten Buchenholzscheiben empfängt sein Licht durch eine zu ebener Erde eingelassene Glasrotunde.

Der „Raum der Spurensuche“ unter dem ehemaligen nördlichen Querhaus – zu sehen ist hier eine Nachbildung des „Ihlower Altars“.

Schiefer Kirchturm Suurhusen

Manfred Reuter

Krumme Gedanken, schiefer Tod

Cassen Redmers legte den Fäustel zur Seite und wischte sich den Schweiß von der Stirn. Seine furchigen, von grauen Borsten übersäten Wangen glänzten in der Mittagsonne, winzige Steinpartikel und Mörtelstaub klebten daran fest, ebenso wie die grauen, kurzgeschnittenen Haare an den pochenden Schläfen. „Das war mal wieder ein schweres Stück Arbeit“, dachte er. Drüben von der Bundesstraße schnitt der Verkehrslärm wie in regelmäßig wiederkehrenden, aufreizend kurzen Intervallen mit der Penetranz einer Motorsense die Beschaulichkeit und den Frieden der Landschaft in Stücke. „Die Zeit blutet. Wir sind nur noch Opfer des Fortschritts, Sklaven von Wirtschaft und Konsum“, brummte Cassen in sich hinein. Dann setzte er sich auf einen alten Baumstumpf, griff mit den klobigen Händen nach der Kanne und goss Tee in den Becher.

Seit Cassen Redmers nicht mehr als Lehrer am Auricher Ulricianum wirkte, hielt er sich nur noch auf seinem Grundstück unweit der Süderfenne in Suurhusen auf. Gut 2500 Quadratmeter nannte er sein Eigen, darauf sein kleines, renovierungsbedürftiges Einfamilienhaus aus den fünfziger Jahren, eine stattliche Scheune, ebenso aus Familienbesitz, und – ja, natürlich – all seine Steine. „Jeder Stein hat ein Geheimnis, jedem Stein haften Erinnerungen an“, pflegte Cassen zu sagen, wenn Nachbarn den früheren Geschichtslehrer und ewigen Junggesellen darauf ansprachen, nach was er denn nun schon wieder stöbere, wenn er Sandsteinungetüme mit Hammer und Meißel bearbeitete, Klinker wusch und Findlinge mit der Lupe in Augenschein nahm, an ihnen fühlte und an ihnen roch. Das waren die Momente, da hörte Cassen den verhassten Lärm der Zivilisation nicht mehr.

Die Gleichgültigkeit der an ihm vorüberrauschenden Karawane und überhaupt all das Stupide der Neuzeit prallten an ihm ab wie das Wort eines Narren vom Ohr eines Feingeists, weit entrückt. Dann, ja dann befand er sich in seiner Welt; in der Welt der Steine, aus denen er den archäologischen Zusammenhang zum Kirchturm zu Suurhusen suchte und nicht selten sogar fand. Zumindest glaubte er fest daran.

Cassen Redmers war sehr fromm. Sein Leben schien ihm, wie er fand, seit seiner Pensionierung perfekt, und dies trotz der Einsamkeit, in die er sich eingeschlossen hatte. Vermutlich aber gestaltete sich sein Leben eben wegen der Möglichkeit, allein zu sein, derart harmonisch. Denn die letzten Jahre an der Schule in der Kreisstadt waren alles andere als ein Zuckerschlecken. Hier nun in seinem kleinen Heimatdorf, welches seine touristische Bedeutung ausgerechnet der Schiefe seines Kirchturms zu verdanken hatte, war es Cassen gelungen, sich seine heile Welt zu schaffen – und dies erfüllte ihn schlicht und ergreifend mit Stolz.

Jeden Sonntag ging er im Sonntagsstaat zur Kirche. Voller Demut stellte er sich vor den Turm, lächelte ebenso souverän wie zufrieden und sagte: 1450. 27,37. 2,47. 5,19. Die anderen Kirchgänger kannten das. Sie wussten: Cassen war einmal mehr versunken in seiner Welt aus Geschichte und den damit verwobenen Zusammenhängen der Gegenwart. Und allen war auch klar, was Cassen meinte: Im Jahr 1450 wurde der Turm an die zuvor turmlose Kirche angebaut. 27,37 Meter maß das Bauwerk in die Höhe hinauf, der Überhang betrug 2,47 Meter, was einer Neigung von 5,19 Grad entsprach. „Da pfeift man doch auf Pisa. Diese Flaschen. Kommen nur auf eine Neigung von 3,97 Grad. Pah! Wenn wir auch nicht den größten haben, so doch immerhin den schiefsten Turm der Welt“, sagten sich die Suurhuser völlig zu Recht und beteten zum lieben Gott, dass der entsprechende Eintrag im Guinness-Buch der Rekorde auf immer und ewig beibehalten bleibe und bloß niemand auf den blasphemischen Gedanken komme, dies zu ändern. Zur Hölle möge er fahren; und wenn nicht senkrecht, dann doch exakt im Winkel von 5,19 Grad!

Am anderen Morgen saß Cassen am Frühstückstisch. Als er die Zeitung aufschlug, wollte er seinen Augen nicht trauen. Thomas Brook, auch Tom genannt, sein Lieblingsschüler, war ermordet worden. Cassen wurde kreidebleich, ließ den Kaffeebecher auf den Unterteller fallen und richtete die Brille auf der Nase. Ihm wurde heiß, dann kalt, er spürte, wie sich die kurzen Haare auf dem Scheitel aufstellten und sich Nasensekret löste. Er wischte es mit dem staubigen Ärmel des Troyers, den er am Vortag beim Steineklopfen getragen hatte, von der Oberlippe. Cassen war fassungslos. Schon als Sextaner war Thomas in sein Leben getreten. Er war ein außergewöhnlich begabter Junge. Nicht nur, dass er nach wenigen Schultagen die Namen aller Ostfriesenhäuptlinge auswendig wusste; nein. Tom war auch an einem 10. Mai, dem „Oll' Mai" in Ostfriesland, geboren worden, weshalb er stets an seinem Geburtstag mit seinen Freunden am Upstalsboom in Rahe eine große Grillparty veranstaltete.* Ihn also hatte Cassen viele Jahre am Auricher Ulricianum segensreich begleitet. Viele Stunden hatten sie auch in Suurhusen am Fuße des Turmes verbracht und überlegt, wie man ihn nachhaltig stabilisieren konnte.

Und nun das! Tom Brook war tot. Cassens ehemaliger Musterschüler wurde kaltblütig ermordet, die Kehle durchgeschnitten. Motiv: Eifersucht. Vermutlich irgendeine Frauengeschichte. Der tatverdächtige Nebenbuhler Tammo Harms war flüchtig, berichtete die Polizei in Aurich und bat Zeugen um Mithilfe bei der Aufklärung des Verbrechens. Ohne die Zeitung wieder zusammenzufalten, ohne noch einen Schluck Kaffee zu nehmen, ohne einen weiteren Biss ins Butterbrot und ohne in den Spiegel zu schauen, erhob sich Cassen vom Frühstückstisch und ging hinaus. Die frühe Sonne hatte die Wiese längst erwärmt, doch die Halme hingen schlaff nach unten. Die Vögel schienen das vertraute Zwitschern eingestellt zu haben, und selbst die fein säuberlich und nach präzisen Farbnuancen sortierten Steinhaufen wirkten heute irgendwie anders: niedergeschlagen, traurig. Cassen ließ sich auf seinem Baumstumpf nieder, drehte sich eine Zigarette und starrte auf den Boden. Dann fing es an zu regnen. Cassen schien es nicht zu bemerken. Er blieb sitzen.

Für Cassen war eine Welt zusammengebrochen. Hatte er bis dahin – bis auf wenige Ausnahmen – ein nahezu perfektes Einsiedlerleben geführt, so entzog er sich der Zivilisation nun endgültig. Entsorgte er früher wenigstens dann und wann mit seinem Pritschenwagen Bauschutt für die Nachbarn, so lehnte er ab sofort jedwede in diese Richtung gehende Bitte kategorisch ab. Cassen hatte diese Aufträge immer gerne angenommen; nicht wegen des Geldes, sondern vielmehr deshalb, weil er die Steine, bevor er sie den Entsorgern in Georgsheil und damit der Endgültigkeit überließ, auf ihre wissenschaftliche Bedeutung hin gründlich untersuchen konnte. Auch die Tatsache, dass er sonntags nicht mehr in die Kirche kam, machte die Suurhuser stutzig.

Irgendwann beobachteten Nachbarn, dass er tagsüber gar nicht mehr vor die Tür trat, sondern nur noch nachts. Bevor er im Schutze der Dunkelheit dann mit gesenktem Haupt in die Scheune stapfte, setzte er sich auf seinen Baumstumpf, rauchte eine Zigarette und murmelte irgendetwas vor sich hin. Manchmal stieg er spät in der Nacht in seinen Pritschenwagen und fuhr knatternd davon. „Er braucht Lebensmittel“, mutmaßten die Nachbarn, die es allesamt gut mit ihm meinten, aber nie eingelassen wurden, wenn sie an seine Tür klopften, um ihm Hilfe anzubieten. Jedenfalls kehrte Cassen mit seinem Pritschenwagen immer deutlich vor Sonnenaufgang zurück, meist schwer beladen mit Kanthölzern und Stangen, die weit über das Dach des Fahrerhauses hinausragten und die er mit Seilen und Gummibändern gewissenhaft festgezurrt hatte. In der folgenden Nacht hörten sie ihn dann wieder – nach der obligatorischen Zigarette auf dem Baumstumpf –, wie er zunächst radebrechend in sich hinein murmelte, dann hämmerte, bohrte, nagelte, klopfte und schließlich – weinte.

Ein Sonntag im Mai in Suurhusen, ein Tag zum Vorzeigen. Die Sonne hatte sich wie eine wohlige, gelbrote Decke über den Ort gelegt, ausgelassenes Vogelgezwitscher und das leise Rauschen des Windes durch das junge Grün an den Bäumen verjagten wie von selbst jeglichen Ansatz depressiven Denkens – und ja, man konnte sogar meinen, der Verkehrslärm sei der Reinheit dieses Morgens gewichen. Natürlich konnten die Gläubigen noch nicht ahnen, was in wenigen Minuten auf sie zukommen würde und wie rasch Schönheit und Beschaulichkeit von Zeit und Raum durch rachsüchtiges Mördergelüst wie von einem Orkan weggewischt werden konnten. Ja. Da standen sie nun, die Kirchgänger von Suurhusen. Sie hatten ihre Sprache verloren und wünschten sich nichts mehr, als möge das, was sie dort sahen, nur ein böser Traum sein. Am schiefen Turm von Suurhusen baumelte ein Toter. An der Turmspitze war das Seil befestigt, und nur wenige Zentimeter vom Boden entfernt kreisten – angetrieben vom feinen, maimilden Südwest, die Füße des Verstorbenen, pardon: des Gehängten. Während die Frauen des Dorfes die Kinder an die Hand nahmen und mit ihnen zurück nach Hause liefen, wagten sich die ersten Männer in die Nähe des Leichnams, der nun, ob des ein wenig zunehmenden Windes, ein wenig größere Kreise zog. Rasch stellte sich heraus, dass es sich um Tammo Harms, den mutmaßlichen Mörder von Cassens Lieblingsschüler Tom Brook handelte.

So dauerte es nicht lange, da erschien auch Cassen selbst. Vier Wochen hatte man ihn nicht mehr gesehen. Nun stand er wieder da in seinem Sonntagsstaat; so, wie die Leute ihn kannten, so, wie er ihnen vertraut war. Doch nicht ganz. Mit frenetischem Glanz in den Augen und überbordender Genugtuung im Gesicht zeigte er mit den Händen die geometrische Form, die sich aus der Turmneigung und der Senkrechten ergab. Dann sagte er laut und vernehmlich: „Auch im Tode bleibt die Geschichte unser aller Herr und Meister. 1450. 27,37. 2,47. 5,19." Dann kratzte er sich am Bart, dachte kurz nach und ergänzte: „Im Angesicht der Schiefe dieses Turmes neige ich sogar dazu zu sagen: Mit der Historie verhält es sich bisweilen wie mit der Natur. Beide besitzen den Hang zur Rache." Dann blickte er hinauf in den mittlerweile wolkenverhangenen Himmel und sagte: „Angesichts unser beiderseitigen Interessen legte ich höchsten Wert auf eine wirklich stilechte Rache. Ich hoffe, Thomas Brook, du bist einverstanden und nimmst mir das nicht krumm."

Dann schlurfte Cassen vorbei an der staunenden Menge hinter den Kirchturm, sammelte Kanthölzer, Stangen und Leisten der bereits zerlegten Leiter zusammen, warf sie auf seinen Pritschenwagen und machte sich auf den Weg. Bevor er losfuhr, hielt er an, kurbelte die Scheibe runter, deutete mit dem Kopf in Richtung seines Grundstücks und sagte: „Leute, wenn die Polizei kommt. Ihr wisst ja, wo ich wohne …"

*Am „Oll' Mai", dem 10. Mai, hielt die Ostfriesische Landschaft als Parlament der Grafschaft Ostfriesland ihre jährliche Landesrechnungsversammlung ab. Abgesandte der Friesen trafen sich bis zum 14. Jahrhundert als Ausdruck der Freiheit der Friesen am Upstalsboom, einer mittelalterlichen Thingstätte bei Rahe in der Nähe von Aurich, um Recht zu sprechen und wichtige Beschlüsse zu fassen.

Schiefer Kirchturm Suurhusen
Landkreis Aurich

Eine im wahrsten Sinne des Wortes bewegte Geschichte hat die Kirche von Suurhusen und insbesondere ihr Turm: Er hat eine Neigung von 5,19 Grad und ist damit schiefer als das dafür berühmte Gebäude in Pisa, das lediglich eine Neigung von 3,97 Grad aufweist. Dass sich der Turm deshalb seit 2007 im Guinness-Buch der Rekorde wiederfindet, hat schon so manchen Schaulustigen nach Suurhusen gelockt – nicht selten sind es Reisende, die in Bussen Ostfriesland erkunden. Der Turm wurde 1450 an die Kirche

Die Kirche von Suurhusen entstand um 1250. Ihr 27,37 Meter hoher Turm weist einen Überhang von 2,47 Metern und somit eine Neigung von 5,19 Grad auf. Über seinem Portal ist ein altes Wappen zu sehen.

gebaut – auf ein Fundament aus Eichenstämmen, die jedoch über die Jahre aufgrund eines sinkenden Grundwasserspiegels marode wurden und ihre Tragfähigkeit einbüßten. 1885 bemerkte man erstmals, dass sich der Turm zu neigen begann. 1925 ergaben Messungen einen Überhang von 1,13 Metern. Ein Jahr später entfernte man den 12 Meter hohen Dachreiter, doch das Gemäuer gab weiterhin dem launischen Boden nach und wies 1939 bereits eine Absenkung von 1,74 Metern auf. 1975 wurde das Gotteshaus schließlich

Seit 1990 erklingt die 1959 von Gustav Brönstrup gefertigte Orgel in Suurhusen. Sie hat sieben Register auf zwei Manualen und Pedal.

für die Öffentlichkeit gesperrt, da der Überhang des Turms indessen bei 2,16 Metern lag und man sich finanziell nicht imstande sah, das Gebäude zu erhalten. Die Kirchenfenster wurden vernagelt, die Orgel wurde verkauft und ein neues Gemeindezentrum gebaut, doch die Suurhuser wollten ihre alte Kirche nicht dem Verfall preisgeben. 1982 fand sich eine Gruppe Freiwilliger, die mit Hilfe von Spezialfirmen elf Pfähle für eine neue Turm-Gründung in den Boden einließen und das Fundament mit Beton und Stahl verfüllten. Mit Erfolg: Am 13. Oktober 1985 konnte die Kirche mit einem Festgottesdienst wieder eröffnet werden. Ein weiteres Absacken des Turms, der eine Grundfläche von 11 mal 11 Metern aufweist und etwa 2116 Tonnen wiegt, konnte aber erst 1989 gestoppt werden – unter anderem wird seither der vordere Giebel mit einem Stahlkorsett gestützt.

Campener Leuchtturm

Klaus-Peter Wolf

Der Leuchtturmmörder

Nein, ich habe nicht überall Leichen herumliegen lassen. Das ist einfach nicht wahr. So einer bin ich nicht. Wenn Sie das noch einmal behaupten, breche ich dieses Gespräch ab. Sie wollen das Buch über mich schreiben. Sie werden das Honorar kassieren. Also sollten Sie mich nicht beleidigen.

Warum gucken Sie denn jetzt so?

Ach, das war wieder eine von Ihren Provokationen, die mich dazu bringen soll, aus der Haut zu fahren? Alle Masken fallen zu lassen und die Wahrheit zu sagen?

Lassen Sie das. Verderben Sie es sich nicht mit mir. Diese Psychotricks sind völlig unnötig. Ich erzähle Ihnen alles, weil ich es will.

Ich habe nichts mehr zu verlieren. Ich komme hier sowieso nicht mehr raus.

Drei Morde. Alles habe ich zugegeben. Für mich ist hier Endstation.

Einer wie ich muss weggeschlossen werden. Das ist mir schon klar. Meine Art, Beziehungen zu beenden, ist gesellschaftlich nicht gerade anerkannt.

Bereuen Sie gar nichts?

Ich bin keiner dieser gottverdammten Triebtäter! Schreiben Sie das. Sie sollen das schreiben, habe ich gesagt!

Ja, ich habe gemordet – weil ich nicht wehtun wollte. Verstehen Sie?

Ich habe doch mitgekriegt, wie schrecklich das für meine Mutter war. Nein, damit hätte ich nicht leben können, eine Frau so zurückzulassen, als gebrochenes Wesen.

Und schreiben Sie jetzt bloß nicht, meine Mutter sei eine

Alkoholikerin gewesen und hätte uns verwahrlosen lassen. Das stimmt nicht!

Wir waren nicht verwahrlost, mein Bruder und ich. Wir haben das gut gemeinsam gewuppt.

Unsere Mutter war keine Säuferin. Sie war traurig. Depressiv meinetwegen. Vom Lebenskummer gebrochen. Nennen Sie es, wie Sie wollen. Aber sie war keine Säuferin.

Nie hätte ich eine Frau so zurücklassen können, wie mein Vater es mit ihr getan hat. Niemals!

Mein Bruder und ich, wir haben versucht, wie der Fels in der Brandung für sie da zu sein. Aber mein Bruder war natürlich noch zu jung.

Ich ... ich habe den Ersatzmann für sie gespielt. Ja, das stimmt schon. In jeder Hinsicht. Aber jetzt kommen Sie mir nicht mit Ödipus-Komplex und all so einem Mist. Ich hatte nicht vor, mit meiner Mutter ins Bett zu gehen und auch nicht, meinen Vater umzubringen. Ich bin keiner von diesen Bekloppten!

Ich habe zu Hause alles gemacht. Ich habe die Anträge geschrieben, die Formulare ausgefüllt, dafür gesorgt, dass Fristen eingehalten wurden. Dieser ganze Ämterkram blieb an mir hängen.

Ich habe auch die Rezepte für sie gefälscht. Ja, hab ich gemacht, und zwar so perfekt, dass sie anstandslos durchgegangen sind.

Sie brauchte die Medikamente wirklich. Sie hätten sehen sollen, wie sie sonst litt! Ich war ihr Leuchtturm, ihr Licht in der Nacht. Ich habe dafür gesorgt, dass unsere ganze Familie Kurs hielt.

Das einzige, was ich wirklich bereue, ist, dass ich jetzt nicht mehr für meinen kleinen Bruder da sein kann. Ich habe ihr versprochen, immer für ihn zu sorgen und auf ihn aufzupassen. Er ist so sensibel und so verletzlich. Er hat das alles nicht so gut gepackt wie ich.

Er ist auf die schiefe Bahn geraten.
Jetzt, da ich hier festsitze und mich nicht mehr um ihn kümmern kann, ist er haltlos geworden. Einer muss für ihn sorgen, sonst kommt er komplett unter die Räder …
Diese ganzen Betrügereien, das ist doch alles mehr aus Dummheit und Geldnot entstanden … Wenn ich dagewesen wäre … Also, zu meiner Zeit gab es so etwas nicht.

Sie haben drei Morde zugegeben. Warum nicht den am Leuchtturm Campen?

Weil ich es nicht war! Herrje, die Frau wurde vergewaltigt! Wer macht denn so etwas?
Ich kannte diese Frau gar nicht. Ich habe meine Frauen geliebt und nicht irgendwelche Mädels besoffen und gefügig gemacht, um sie dann …
Also, wie kann man so etwas nur von mir denken? Ich muss mich schütteln bei dem Gedanken!
Ich bin froh, dass Sie dieses Buch schreiben, dann kann ich das endlich mal klarstellen. Diese Psychologen, die sich Gutachter nennen, das sind doch alles Pfeifen!
Klar hatte ich mit meinen Frauen kurz vorher noch einmal Geschlechtsverkehr. Das war meine Abschiedsnummer. Ich habe ihnen Blumen geschenkt und Pralinen. Ich habe ihnen erzählt, wie schön sie sind und wie sehr ich sie liebe und bei jeder einzelnen war das auch jedes Mal die Wahrheit. Sonst hätte ich das doch gar nicht für sie getan! Kapiert das denn niemand?
Ich habe sie im Moment der tiefsten Liebe getötet. Sie sind glücklich gestorben, mit dem Lächeln verliebter Frauen auf den Lippen.
Ich bin immer mit ihnen ans Meer gefahren. Wir haben nachts im Gras gelegen. Ich habe immer eine Flasche gut gekühlten Sekt dabeigehabt. Keinen Champagner, aber auch

nicht so ein billiges, süßes Zeug aus dem Supermarkt, sondern ganz der Situation angemessen. Einen edlen Tropfen. Keine Plastikbecher, sondern richtige Sektkelche.

Wir haben in die Sterne geguckt, Zukunftspläne gemacht und ich habe Süßholz geraspelt, bis sie zerschmolzen sind vor Glück.

Warum immer in der Nähe eines Leuchtturms?

Ach, dies Etikett werde ich auch nicht mehr los. Leuchtturmmörder … Herrje! Die brauchen halt für alles und jeden einen Stempel und eine Schublade.

Nun, das hatte einen sehr einfachen, romantischen Grund. Von wegen Phallussymbol und all solchen Mist! Nein, das stimmt überhaupt nicht. So war es nicht.

Ich habe meinen Frauen von meinem Leben erzählt. Und davon, wie ich mich gefühlt habe. Ich habe mich ihnen gegenüber geöffnet.

Ja, so wie diese Leuchttürme, so war mein Leben. So wie sie habe ich scheinbar unbeeindruckt den Stürmen des Lebens getrotzt. Bin immer aufrecht stehen geblieben. Habe Orientierung gegeben und Hoffnung.

Ja, ich wusste, wozu ich da war. Die Menschen werden hineingeworfen in dieses chaotische Drunter und Drüber, Auf und Ab, sie haben das Gefühl, nackt im kalten Wasser des Lebens zu schwimmen und sie wissen, sie werden ohne Halt und Hilfe ertrinken. Sie schauen sich um nach einer Leuchtboje, oder besser, einem Leuchtturm, der Orientierung gibt und Rettung.

Warum sind Sie nicht einfach bei der ersten Frau geblieben und haben den Leuchtturm bis zum Schluss weitergespielt?

Das konnte ich nicht. Wenn mir die Bindung zu eng wurde, dann bekam ich Fluchttendenzen. Ich wollte mich dann befreien und wegrennen.

Aber der Leuchtturm bleibt immer am Platz.

Ja. Eben. Ich konnte dann meinem eigenen Anspruch nicht genügen. Es hat mich einfach zerrissen. Aber ich konnte doch nicht werden wie mein Vater und meine Mutter und meinen Bruder im Stich lassen für die andere Frau …

Es war, wenn Sie so wollen, ein Loyalitätskonflikt zwischen meiner Ursprungsfamilie und einer neuen, die sich anbahnte.

Pilsum. Norderney. Borkum. Keine Leiche lag weiter als hundert Meter vom Leuchtturm entfernt. Genau wie in Campen.

Ja. Aber das war ich nicht.

Ich schalte jetzt mal das Aufnahmegerät aus.

Warum?

Ich habe Ihnen ein Angebot zu machen.

Mir? Bekomme ich jetzt doch Prozente vom Buchverkauf?

Nein. Es geht um Ihren Bruder. Und es geht um Geld. Um viel Geld.

Ihr Bruder sitzt richtig in der Tinte. Man könnte ihn rausholen. Es ist alles nur eine Frage der Summe, sagt sein Anwalt. Wenn die Gläubiger ihr Geld bekommen, würden sie im Gegenzug ihre Anzeige zurückziehen …

Aber ich habe kein Geld, falls Sie mich nicht doch an Ihrem Buch beteiligen … Und selbst dann, der Erlös würde vermutlich kaum ausreichen.

Ja, und es würde zu lange dauern. Wir brauchen das Geld jetzt. Und da habe ich, glaube ich, eine Lösung.

Der wirkliche Campen-Mörder hat mich kontaktet. Er weiß, dass ich das Buch über Sie schreibe. Seit dieser Talkshow ist auch meine Welt nicht mehr, wie sie früher einmal war … Ständig rufen Leute an, wollen etwas von mir. Ich werde zu Interviews gebeten, weil Sie jedes Interview verweigern.

Der Campen-Mörder bietet uns Fünfhunderttausend – wenn Sie den Mord gestehen.

Was macht es Ihnen aus? Sie werden doch ohnehin verdächtigt. Und wie Sie bereits eingangs erwähnten, kommen Sie hier nicht mehr raus.

Ihren Bruder aber, den könnten Sie retten …

Man wird dann doch den Sittenstrolch aus mir machen! Mensch, Vergewaltigung! So etwas habe ich nie gemacht! Ich bin ein Mörder, aber ich habe den Frauen doch sonst nichts Schlimmes angetan. Im Gegenteil, ich wollte sie bewahren vor all dem Kummer und dem Leid.

Überlegen Sie es sich. Ich könnte das Geld in Empfang nehmen und für Ihren haltlosen Bruder verwalten. Er braucht wieder einen Leuchtturm … Eine Orientierung … Eine Rettung … Sie könnten das noch immer sein. Von hier aus.

Ihre Mutter leidet sehr darunter, dass Ihr Bruder jetzt auch vor Gericht steht. Ich bin mir nicht sicher, ob sie noch eine Verurteilung von einem ihrer Kinder so einfach wegsteckt.

Überlegen Sie – aber nicht zu lange …

Campener Leuchtturm
Landkreis Aurich

Die äußere Gestalt des Leuchtturms von Campen passt vielleicht nicht in die idealtypische Vorstellung eines Leuchtfeuers als Rundbau in geschlossener Tonnenform. Dennoch darf sich das Bauwerk mit 65,3 Metern als höchster Leuchtturm Deutschlands bezeichnen. Der Turm nahe des 540-Seelen-Ortes in der Krummhörn dient als Tagesmarke und nachts als Leitfeuer für das sogenannte Randzelgat in der Westerems vor Borkum. Deshalb lautet sein korrekter Name „Leitfeuer Randzelgat“. Das Leuchtfeuer

Der höchste Leuchtturm Deutschlands steht in Campen – und kann besichtigt werden. Mit einer Lichtstärke von 4,5 Millionen Candela gehört das Leuchtfeuer zu den stärksten im Land.

hat eine Reichweite von etwa 55 Kilometern. Bemerkenswert ist außerdem, dass es sich hierbei um ein Präzisionssektorenfeuer mit einem Öffnungswinkel von nur 0,3 Grad handelt. Im Maschinenhaus des Turms befindet sich der älteste noch funktionsfähige Dieselmotor Deutschlands, der im Jahre 1906 von MAN gebaut wurde und eine Leistung von 20 PS aufweist. Ungewöhnlich ist auch die Bauweise des Campener Leuchtfeuers in Form eines freistehenden Stahlfachwerkturms mit dreieckigem Querschnitt und ei-

Die in Upgant-Schott (Brookmerland) stationierten Höhenretter der Johanniter-Unfallhilfe proben am Campener Leuchtturm von Zeit zu Zeit unter höchsten Sicherheitsstandards den Notfall.

nem Treppenrohr in seiner Mitte. Auf der Spitze der roten Dreibeinkonstruktion trohnt die rote Laternenkammer mit zwei Galerien und einem grünem Dach.

Mit der Errichtung des Leuchtturms, der aufgrund seiner Konstruktion auch den Beinamen „Eiffelturm Ostfrieslands" trägt, wurde 1889 begonnen, 1890 erfolgte die Fertigstellung. In Betrieb ging er offiziell erst am 1. Oktober 1891 – zusammen mit vier anderen Leuchtfeuern, die 1883 im Rahmen eines deutsch-niederländischen Projektes zur Beleuchtung der Unter-Ems enstanden waren. Diese vier Bauwerke innerhalb des länderübergreifenden Vorhabens waren die im Zweiten Weltkrieg zerstörten Leuchttürme im niederländischen Delfzijl und Watum sowie der Pilsumer Leuchtturm und der Kleine Leuchtturm von Borkum, deren offizieller Betrieb 1919 beziehungsweise 2003 eingestellt wurde.

Pilsumer Leuchtturm

Bernd Flessner

Der Wind bläst, wo er will

Der Wind peitschte ihm den Regen ins Gesicht. Das war alles andere als eine bloße Metapher. Die eiskalten Regentropfen, die sein Gesicht trafen, fühlten sich tatsächlich an wie Peitschenhiebe.

Er tippte auf Windstärke 6, wobei der Wind vom Atlantik her wehte, also aus nordwestlicher Richtung. Graublaue Nimbostratus-Wolken wälzten sich über Emden, das einige Kilometer östlich von ihm lag. Im Süden, nur wenige hundert Meter von ihm entfernt, reckten stattliche Wellen ihre weißen Köpfe, bevor sie am Ufer brachen. Ein nasser, kalter, windiger Oktobertag. Und dennoch liebte Arnold Geerken dieses Wetter. Statt Schutz zu suchen, hielt er die Nase in den Wind und genoss jeden Peitschenhieb auf seiner Haut.

Auch für den unverwechselbaren Geschmack war der Wind verantwortlich, der sich auf seinem Weg mit den Aromen der See vollgesogen hatte. Für einen Augenblick glaubte seine Zunge, eine Auster zu schmecken. Sylter Royal. Die beste. Ein Banause, ein Ignorant, wer diesen Geschmack nicht wenigstens ahnte.

Der Wind, von dem er nicht lassen konnte, fuhr ihm nicht nur in die Haare und seine Kleider, er drehte auch die Rotoren seiner Windkraftanlagen. Reich gemacht hatte er ihn, der Wind. Abgesehen natürlich von seiner Idee, der Gondel eine völlig neue Form zu geben. Eine Form, die die Konkurrenz bis heute nicht verdaut hatte.

„Wir sollten jetzt gehen, Boss!", schrie ein Mann mit gelbem Schutzhelm und orangefarbener Weste hinter ihm. „Der Wind hat zugelegt!"

„Ach was, wir sind doch vertäut wie ein Containerschiff!"

„Trotzdem, Boss! Sicherheit geht vor!"

„Gut. Wenn du meinst, Karl“, sagte Geerken und sah noch einmal zu den anderen fünf Rotoren hinüber, die sich um ihn herum drehten. Der Rotor der Anlage, auf dessen Gondel er in über 80 Meter Höhe stand, rührte sich nicht. Erst nach ihrem Abstieg durfte er sich wieder auf den Wind einlassen.

Geerken war gerade in der Gondel verschwunden und hatte die Sicherung gelöst, als eine bekannte Melodie ertönte. Der Klingelton kündigte einen Anruf seiner Frau an. Er zog das Handy aus einer Innentasche und tippte aufs Display.

„Hallo, Frieda. Jetzt sag bitte nicht, dass die Frankes doch noch abgesagt haben.“

„Haben sie nicht“, antwortete eine ihm unbekannte Männerstimme. „Aber Sie werden gleich absagen, denn Sie haben keine Zeit für die Frankes.“

„Wer sind Sie? Was machen Sie mit dem Handy meiner Frau?“, rief Geerken in das flache Smartphone.

„Ich rufe Sie an. Das sehen Sie doch! Pardon, das hören Sie doch. Dazu gibt es ja diese kleinen, praktischen Geräte. Und Ihre Frau hat wirklich ein besonders schönes und teures. Das werde ich mir allerdings auch bald leisten können.“

„Was soll das? Was wollen Sie?“

„Geld. Sagte ich das noch nicht?“

„Nein. Aber von mir werden Sie keins kriegen. Nicht für ein geklautes Handy. Nicht für die gespeicherten Nummern und Nachrichten.“

„Aber doch wohl für Ihre Frau“, entgegnete die Stimme mit ironischem Unterton.

„Für meine Frau?“ Trotz des kalten und windigen Herbsttages wurde ihm plötzlich heiß. Sein Magen, dem für gewöhnlich weder Seegang noch große Höhe etwas anhaben konnten, bekam Schlagseite. Als habe er eine nicht mehr ganz frische Auster gegessen.

„Ja, für Ihre Frau. Sie liegt hier neben mir in einer misslichen Lage, aus der sie gerne befreit werden möchte. Wollen Sie sie sprechen?"

„Ja", hauchte Geerken und setzte sich auf eine der Stufen. Weiter unten rief Karl nach ihm.

„Dabei fällt mir ein, Ihre Frau kann ja gar nicht sprechen. Sie hat so ein blödes Tuch in ihrem Mund. Zu dumm. Wirklich zu dumm. Aber vielleicht geht es auch so."

Geerken presste das Smartphone an sein Ohr. „Frieda? Frieda?"

Die Antwort bestand aus einem langgezogenen Stöhnen und Wimmern, das schließlich gequält in ein verstehbares Wort überging: „Hilfe!" Das war alles. Geerken presste das Smartphone an sein Ohr. In seinem Magen verschmolzen Angst und Wut zu einem Gefühl, das er noch nie in seinem Leben gespürt hatte.

„Zufrieden?"

„Was hast du mit meiner Frau gemacht, du Schwein?", brüllte Geerken in das winzige Mikrophon.

„Nichts", antwortete die unbekannte Stimme. „Wirklich nichts. Das können Sie mir glauben. Sie liegt hier nur etwas unbequem. Aber Sie können ihre Lage deutlich verbessern."

Geerken holte tief Luft. Die neuartige Gefühlsmelange in seinem Magen forderte einen Aufschrei, wollte ihn den Unbekannten erneut anbrüllen lassen. Sein Kopf aber traf in Sekunden eine andere Entscheidung, zwang den Magen in die Defensive, verordnete ihm Ruhe und Konzentration.

„Was verlangen Sie?"

„Na bitte. Geht doch. Also, machen wir es kurz. Wo sind Sie jetzt?"

„An der Knock."

„Perfekt. Dann fahren Sie jetzt sofort nach Emden und heben 100.000 Euro ab", erklärte der Unbekannte.

„Das ist nicht so einfach."

„Ist es“, konterte der Mann. „Sie haben doch bestimmt mehrere Konten bei mehreren Banken.“

„Ja.“

„Na bitte. 25.000 Euro von jedem Konto. Das wird doch wohl gehen? Sie sind ein reicher Mann. Unternehmer des Jahres.“

„He, Boss? Was ist los da oben?“, unterbrach ein verzerrter Ruf die Verhandlungen.

„Nichts! Komme sofort! Nur ein Anruf!“

„Okay, Boss!“

„Was war das denn? Sind Sie nicht allein?“, fragte der Unbekannte.

„Ich bin allein. Nur ein Mitarbeiter. Aber der kann uns nicht hören. Also, wenn ich das Geld habe, wie geht's weiter?“

Das Handy schwieg.

„Ich bin allein! Ich bin allein! Ich bin allein!“

„Ist ja schon gut, Mann! Packen Sie das Geld in eine Plastiktasche. Eine Einkaufstasche. Sonst darf nichts in der Tasche sein. Fahren Sie mit der Tasche nach Pewsum. In einer Stunde rufe ich Sie wieder an. Verstanden? Und keine Polizei! Ich bin bestens vorbereitet und würde das sofort merken. Ihre Frau übrigens auch. Alles klar, Mann?“

„Alles klar. Aber eine Stunde? Das wird kaum reichen.“

„Das reicht. Denken Sie an Ihre Frau. Los jetzt!“

Der Unbekannte hatte aufgelegt. Geerken starrte kurz in den Abgrund und stellte sich seine Frau vor, die irgendwo gefesselt und geknebelt in einem Keller lag und unerträgliche Ängste ausstand. Obwohl er dieses Bild in seinem Kopf selbst erzeugte, brannte es sich augenblicklich ein, als habe er Frieda tatsächlich in diesem Zustand gesehen. Das Bild verfolgte ihn auf dem Weg nach unten und auf dem Weg nach Emden. Immer sah er sie dort liegen, auf einer Matratze, die Augen verbunden, einen Knebel im Mund, mit

Handschellen an einen Heizkörper gefesselt. Er konnte dieses Bild einfach nicht loswerden, obwohl er sicher war, dass es einem kühlen Kopf im Wege stand.

Wie ein Bankräuber parkte er seinen Wagen direkt vor seiner Hausbank. Im Parkverbot. Schweißperlen tummelten sich auf seiner Stirn. Kaum hatte er sie mit einem Taschentuch abgewischt, sprossen neue nach. Den Bankangestellten schien das nicht zu stören, ohne Rückfrage händigte er ihm das Geld aus.

Der Erpresser hatte Recht. Beträge in dieser Größenordnung hatte er schon mehrfach abgehoben, wenn es um bestimmte Projekte gegangen war, die den schnellen Einsatz von Bargeld erforderlich machten.

Auch die anderen Banken bedienten ihn, als würde er täglich 25.000 Euro abheben. Andererseits waren die Konten gut gefüllt, Skepsis war also nicht angebracht. Er war flüssig, die Geschäfte liefen gut, die Banker lächelten untergeben und mit Respekt. Wahrscheinlich war er sogar ihr potentester Kunde.

Fünfzig Minuten waren um. Jetzt wurde es aber Zeit. Mit jaulendem Motor bog er in die Boltentorstraße ein. Der schnellste Weg in die Krummhörn. Immer noch das Bild seiner gefesselten Frau vor Augen. Steinweg. Franekerweg. Conrebbersweg. Wie oft war er diese Route schon gefahren. Langsam. Denn in Conrebbi war Tempo 30 verordnet. Egal. Er trat aufs Gas, denn er musste halbwegs pünktlich in Pewsum sein.

Ein Trecker. Was macht ein Bauer bei diesem Wetter? Im Oktober? Geerken hatte Mühe, den Traktor zu überholen, da er die Fahrbahn mehr oder weniger blockierte. Als er das riesige Fahrzeug endlich passiert hatte, traf er auf das nächste Hindernis. Ein Trabbi mit Emder Kennzeichen zwang ihn, auf die Bremse zu treten, statt noch einmal richtig Gas zu geben. Spinner! Ostalgiker!

Viel zu spät erreichte er Groß Midlum und fand endlich eine freie Straße vor. Das Tempolimit interessierte ihn nicht. Bei diesem Wetter traute er der Polizei zu, lieber im Warmen Tee zu trinken, als in Freepsum Blitzgeräte aufzustellen.

Das Handy! Geerken fuhr rechts ran, erwischte eine mittelgroße Pfütze, fluchte, und tippte aufs Display.

„Ja?"

„Haben Sie das Geld?"

„Ja, ich hab es. Hunderttausend."

„Sehr gut. Sind Sie in Pewsum?"

„So gut wie."

„Das heißt?"

„Hinter Freepsum. Die Zeit hat einfach nicht gereicht."

„Spielt keine Rolle. Fahren Sie zum Pilsumer Leuchtturm. Parken Sie auf dem Parkplatz und gehen Sie dann zum Leuchtturm. Bei dem Wetter sind Sie da allein. Und von dort hat man beste Sicht auf mögliche Neugierige. Alles klar? Beeilen Sie sich! Denken Sie an Ihre Frau!"

Geerken überließ das Handy dem Beifahrersitz und trat aufs Pedal. Doch statt auf die Straße zu hüpfen, heulte nur der Motor auf, während die Reifen die Pfütze vertieften. Von einem allradgetriebenen SUV hatte er sich mehr erwartet. Sein Fuß reagierte mit noch kräftigerem Druck, die Pfütze mit Unmengen Matsch, der zu seiner Verblüffung auch auf die Frontscheibe regnete. Der Wind reichte ihm als Erklärung.

Ruhe. Er musste sich erneut zur Ruhe zwingen. Für einige Sekunden umfasste er das Lenkrad mit beiden Händen. Dann legte er einen anderen Gang ein und versuchte es mit weniger Gas. Mühelos hievte sich sein Auto auf die Straße.

Für die Fahrt zum Pilsumer Leuchtturm brauchte er kein Navi. Sobald man Groothusen hinter sich gelassen hatte, tauchte das rot-gelb gestreifte Wahrzeichen der Krummhörn unweigerlich auf dem Deich auf. Die Älteren kannten ihn auch als Otto-Turm, die Jüngeren als Lükko Leuchtturm. Als Kind hatte er mehrmals mit seinen Eltern den Turm besucht. An viel konnte er sich nicht mehr erinnern, nur daran, dass der Turm damals nicht rot-gelb gestrichen, sondern vollkommen verrostet gewesen war. Eine große rostige Riesentonne. Eine Ruine ohne Zukunft. So schien es zumindest.

Seit den von seinem Vater verordneten Spaziergängen war er nicht mehr bei dem Turm gewesen. Es hatte sich einfach keine Gelegenheit ergeben. Gesehen hatte er ihn natürlich, von der einen oder anderen Gondel aus, die er in der Krummhörn inspiziert hatte. Im Osten die Greetsieler Windmühlen, im Westen der Pilsumer Leuchtturm. Ein vertrauter Blick.

Fast wäre Geerken an der schmalen Straße vorbeigefahren, die kurz vor Hauen, einer kleinen Warf mit wenigen Häusern, zum Deich führte. Erst im letzten Augenblick erfassten seine Augen das Schild. Er trat auf die Bremse, setzte zurück und hielt auf den Leuchtturm zu. Am Fuß des Deiches fuhr er auf einen Parkplatz, den es früher nicht gegeben hatte. Ein einsamer Parkplatz und dennoch ein kostenpflichtiger. Geerken schüttelte den Kopf und verweigerte die Parkgebühr.

Draußen empfing ihn eine heftige Böe, die ihm fast die Plastiktüte mit dem Geld aus der Hand gerissen hätte. Reflexartig nahm er die linke Hand zu Hilfe und presste die Tüte an seinen Bauch.

Der Wind, sein Glücksbringer, sein Partner, sein Freund, hätte ihm fast seine Frau entrissen. Auch beim Aufstieg auf den Deich leistete er Widerstand, versuchte, ihn von seinem Vorhaben abzuhalten.

Wieder peitschte er ihm dicke Regentropfen ins Gesicht, ohne dass es kontinuierlich regnete. Zugelegt hatte er auch, jetzt war es auf jeden Fall Stärke 7, wenn nicht schon 8. Über der Nordsee hatte sich ein blau-violetter Sturm aufgetürmt. Geerken kämpfte sich auf die Deichkrone und suchte auf der Leeseite des Leuchtturms Schutz. Schlagartig hörten die Peitschenhiebe auf, seine rechte Hand ließ die Tüte los, wischte das Wasser aus seinem Gesicht und strich seine Haare nach hinten.

Was für eine beschissene Lage! Sein Magen stemmte sich erneut gegen seinen Kopf, wollte ihn zu riskanten Aktionen überreden, zu Faustschlägen und Würgegriffen. Er war groß und durchtrainiert und spielte mit möglichen Chancen gegen einen Gegner, einen bewaffneten Gegner. Vielleicht konnte er sich mit dem Wind gegen ihn verbünden und den Entführer überwältigen? Ihm das Geld zuwerfen und dann zuschlagen?

Ein vertrautes Geräusch beendete seine Gedankenspiele.

„Ja?"

„Drehen Sie sich um!"

Geerken zögerte, befolgte dann aber die Anweisung. Vor ihm tauchten ein roter und ein gelber Streifen auf. Auf dem gelben hatte jemand mit einem schwarzen Stift ein Bekenntnis hinterlassen: Otto, ich liebe dich! Rechts daneben entdeckte er eine kleine Kamera, eine Art Webcam, die jemand mit einem Magneten oder Kleber auf dem Bauch des Leuchtturms befestigt hatte.

„Sind Sie allein?"

„Das sehen Sie doch!"

„Gut beobachtet. Von hier aus hat man wirklich eine fantastische Fernsicht. Selbst bei diesem Wetter."

„Wo ist meine Frau?"

„In Sicherheit. Ich habe ihr kein Haar gekrümmt."

„Ich will sie sprechen!"

„Das geht leider nicht, denn ich musste sie zurücklassen. Aber sobald ich das Geld habe, wird sie Sie anrufen."

„Ich glaube Ihnen nicht!"

„Das kann ich verstehen. Aber Sie haben keine Wahl. Verschwinden Sie oder rufen die Polizei, hat sich mein Angebot erledigt. Das steht Ihnen frei. Entscheiden Sie sich."

Geerken sah zum wiederholten Mal das Bild seiner gefesselten und geknebelten Frau vor sich. Andere Entführungsfälle kamen ihm in den Sinn. Waren nicht etliche an einer fehlgeschlagenen Geldübergabe gescheitert? Wie bei dieser Bankiersfrau?

„Okay. Was passiert mit dem Geld?"

„Eine gute Entscheidung. Gehen Sie um den Leuchtturm herum, dann öffnen Sie die Tür, legen die Tüte auf den Boden, schließen die Tür und fahren zurück nach Emden. Ihre Frau ruft Sie in Ihrem Büro an. Ach ja, das hätte ich jetzt fast vergessen. Ihr Handy legen Sie bitte neben der Tüte auf den Boden."

„Sind Sie im Leuchtturm?"

„Gegenfrage: Halten Sie mich für blöd?"

„Natürlich nicht", raunte Geerken.

„Dann tun Sie, was ich Ihnen gesagt habe."

Gegen den erbitterten Widerstand seines Bauchgefühls folgte Geerken den Anweisungen. Die Tür, die ansonsten mit Sicherheit verschlossen war, gab sofort dem Wind nach, der sie wütend aufstieß.

Verräter!

Der Raum war menschenleer. Zudem verhinderte das Gebrüll des Windes jeden Versuch, in den Turm hineinzuhorchen. Geerken legte Tüte und Handy auf den Boden und schloss unter großer Kraftanstrengung die Tür. Er hatte wirklich keine andere Wahl, der Entführer vielleicht aber eine zweite Kamera im Turm.

Noch einmal sah er sich um. Die Nordsee und der Himmel über ihr tobten; die Kimm, die Grenzlinie zwischen beiden, war nicht mehr auszumachen. Auf der Landseite trotzten Höfe, Mühlen und Dörfer dem Toben. Auch seine Mühlen zeigten sich nicht beeindruckt. Weit und breit war kein Auto zu sehen. Er war allein.

Geerken ließ los. Er hatte sich entschieden. Er stieg die Treppe hinunter, setzte sich in sein Auto und gab Gas. Er konnte nichts mehr tun. Er konnte nur noch nach Emden fahren. Und hoffen.

„Was ist los, Boss?“, empfing ihn überrascht Karl in der Tür.

„Nichts“, maulte Geerken. „Ich bin nicht zu sprechen. Lass mich allein. Okay?“

„Klar, Boss.“

„Herr Möller von den Stadtwerken erwartet dringend Ihren Rückruf“, bemühte sich seine Sekretärin, doch auch sie holte sich einen Korb.

„Ich möchte vorläufig nicht gestört werden. Keine Anrufe. Nur meine Frau. Stellen Sie sie sofort durch!“

Er warf seine Jacke auf den Bistrotisch in der Ecke und ließ sich auf seinen Sessel plumpsen. Er spürte seinen Körper, seinen Magen, sein Herz, seine Hände, die Finger, die sich dicker als sonst anfühlten. Über der Tür drehte der Sekundenzeiger seiner großen Bürouhr seine Runden, kreiste auffällig langsam, kam irgendwie nicht richtig vorwärts. Seinen Blick von der Uhr lösen konnte er dennoch nicht, der Zeiger hielt ihn als Geisel. Na endlich. Das Telefon. Geerken riss den Hörer hoch.

„Frieda …?“

„Entschuldigen Sie bitte“, piepste seine Sekretärin. „Aber Herr Möller lässt sich nicht abwimmeln. Es ist dringend. Die Pläne für den Rysumer Nacken.“

„Der kann sich seine Pläne in die Haare schmieren! Keine Anrufe! Habe ich mich nicht deutlich genug ausgedrückt? Keine Anrufe! Nur meine Frau! Ist das jetzt klar?!“

„Ja, ist klar, Herr Geerken. Entschuldigen Sie bitte.“

Sofort hatte ihn die Uhr wieder in ihren Bann geschlagen, hielt ihn davon ab, sich mit anderen Dingen zu befassen. Der schmale, rote Zeiger hatte ihn fest im Griff, ließ nichts anderes gelten. Eine gute Stunde verbrachte er so, die mit keiner anderen Stunde vergleichbar war, die er je bewusst erlebt hatte.

Seine Gedanken waren reduziert auf das Bild seiner Frau und die Tüte auf dem Boden des Leuchtturms. Er war nicht mehr Arnold Geerken, er war nur noch Sekundenzeiger, gefesselte Frau und Tüte im Leuchtturm.

Das Telefon holte ihn in die profane Wirklichkeit zurück.

„Frieda …?"

„Ja", antwortete seine Frau mit gequälter Stimme.

„Wie geht es dir? Bist du wieder frei?"

„Wieder frei …? Was meinst du damit? Ich hatte einen Unfall."

„Einen Unfall? Aber … die Entführung?"

„Was redest du da?" Die Stimme war schwach und klang irritiert. „Ich bin gegen einen Baum gefahren. Der Sturm hat ihn umgeworfen, haben sie mir im Krankenhaus erzählt. Ich war eingeklemmt, konnte meine Beine nicht mehr bewegen. Ich bin immer wieder bewusstlos geworden."

Geerken konnte nur mit Mühe folgen. Die Erlebnisse der letzten Stunden und die wenigen Sätze seiner Frau passten nicht zusammen.

„Frieda? Ganz ruhig. Wo bist du jetzt? Von wo aus rufst du an?"

„Vom Krankenhaus. Das habe ich dir doch gerade gesagt. Hörst du mir eigentlich zu?"

„Doch, doch. Aber was ist mit dem Entführer?"

„Was soll das? Was redest du da? Ich hatte einen Unfall und habe mir den linken Arm gebrochen. Die Elle. Der Arm steckt jetzt in so einem grünen Plastikding. Ich habe Glück gehabt, sagen die Ärzte. Vor allem, weil jemand den Notarzt gerufen hat. Ich war ja auf dem Weg zu Reimers. Da fährt doch kaum jemand. Und dann dieser Sturm. Aber irgendwer hat mich doch gefunden."

Geerken sah plötzlich doch Teile, die zusammenpassten. „Wer ... hat dich gefunden?"

„Keine Ahnung. Auf jeden Fall hat er den Notarzt gerufen. Es war eine männliche Stimme. Als der Rettungswagen bei mir eingetroffen ist, war er nicht mehr da. Ich habe hier schon gefragt, aber er hat mit meinem Handy angerufen. Die haben in ihrer Zentrale extra nachgesehen. Es muss noch im Auto liegen. Jetzt kann ich meinem Lebensretter nicht mal danken."

„Ich glaube, das habe ich schon getan. Ich bin gleich bei dir. Auch mir ist heute etwas passiert. Aber das erzähle ich dir in aller Ruhe."

Pilsumer Leuchtturm

Landkreis Aurich

Ab 1866 beginnt das Königreich Preußen mit dem Ausbau des Emder Hafens. Der Güterumschlag steigt, die Schiffe werden größer und moderner, aber die herkömmliche Navigation in der Unter-Ems stößt an ihre Grenzen. Also treffen sich am 1. März 1883 preußische und niederländische Kommissare auf der „Conferenz zu Emden“, um ein einheitliches Leitfeuersystem für die Unter-Ems zu planen. Die Standorte legen jedoch nicht Ingenieure fest, sondern der Verlauf der Ems im Wattenmeer. Zudem müssen die Leuchtfeuer so plat-

Der Pilsumer Leuchtturm findet sich in Otto-Waalkes-Filmen wieder und im ARD-Krimi „Tatort“. Als „Lükko Leuchtturm“ wird er ab 1997 zur wohl beliebtesten Kinderbuchfigur Ostfrieslands.

ziert sein, dass jede Richtungsänderung der Unter-Ems berücksichtigt wird. Die Kommission beschließt: Auf niederländischer Seite sind es Watum und Delfzijl, auf deutscher Seite Borkum, Pilsum und Campen. Jeder Leuchtturm befeuert also nur ein Teilstück der Unter-Ems. Die Frage, warum ein Dorf wie Pilsum einen Leuchtturm besitzt, ist somit beantwortet: Die Ems hat den Ort bestimmt. Sein Standort: 53° 29´ 58,5´´ nördliche Breite und 7° 2´ 46,0´´ östliche Länge. Auch die Turmhöhe gibt die Ems vor. Da das Feuer etwa zwölf See-

Der kleine Turm ist ein Hingucker in Ostfrieslands Küstenlandschaft. Zur WM 2010 und zur EM 2012 zeigte er die Farben der Nation.

meilen weit sichtbar sein muss, weil die Ems dort die Richtung ändert, reicht eine Feuerhöhe von 15 Metern. Da der Leuchtturm auf der Deichkrone errichtet wird, braucht er nur 11,2 Meter hoch zu sein. Der Pilsumer Leuchtturm ist also so klein, weil ein größerer an dieser Stelle gar nicht benötigt wurde. Sein Durchmesser beträgt 4,5 Meter, als Baumaterial dienen Stahlplatten und Stahlprofile, die mit Nieten verbunden werden. Der Name für diese simple Konstruktion lautet im preußischen Amtsdeutsch: „Leitfeueranstalt Pilsum". Am 19. März 1890 ist es soweit: Leuchtturm samt Wärterhaus sind fertig. Am 1. Oktober 1891 wird der Turm in Dienst gestellt. Doch schon nach 26 Jahren ist Schluss, denn mit Beginn des Ersten Weltkriegs gelten die Küsten-Leuchtfeuer als mögliche Orientierungshilfen für den Feind; die Petroleumlampe in Pilsum wird 1915 gelöscht. Nach Kriegsende führen neue Vermessungen zu einem verblüffenden Ergebnis: Die Emshörn-Plate, eine große Sandbank, hat sich nach Norden verlagert, somit ist das Feuer des Pilsumer Leuchtturms sinnlos und sogar eine Gefahr. Am 7. Juni 1919 wird seine endgültige Außerdienststellung verfügt, abgerissen werden soll er jedoch nicht, um ihn dereinst vielleicht wieder zu aktivieren – die Ems könnte ihren Verlauf ja erneut ändern.

Auch der Zweite Weltkrieg hat Auswirkungen auf den Pilsumer Leuchtturm: Seine bis dahin rote Farbe stört diesmal die Marine. Er wird grau gestrichen und entgeht den alliierten Flugzeugen. Allein Wind und Wetter setzen ihm zu und Rost verwandelt das Grau in ein Rotbraun, während die Sturmflut 1962 an seinem Deich-Fundament nagt. Der Deich soll deshalb 1968 von etwa 5,50 Meter auf bis zu 8,50 Meter erhöht werden. Nun ist die rostige Leuchtturm-Ruine im Weg und Ingenieure erwägen den Abbruch, finden aber eine andere Lösung. Sie führen den neuen Deich seeseitig um den alten Deich herum, sodass der Leuchtturm stehen bleiben kann.

Dem Rost rückt erst der legendäre Deichrichter Jannes Ohling zu Leibe, der bei einer Deichschau 1972 auch den Leuchtturm inspiziert. Er ordnet an, ihn innerhalb eines Jahres zu renovieren. Im Frühjahr 1973 wird der Leuchtturm instand gesetzt, dabei wird die marode Reling demontiert und nicht wieder ersetzt. Farbreste und Rost werden entfernt, einige Stellen müssen mit Stahlblechen ausgebessert werden. Nach der Reparatur des Daches fehlt nur ein neuer Anstrich: Vier der Ringe, aus denen der Turm besteht, werden rot und die übrigen drei gelb gestrichen. Bei einer erneuten Renovierung im Jahre 1984 wird auch der Rost im Inneren des Turms beseitigt, Lüftungsöffnungen sollen ihn künftig verhindern. Auch das Kupferdach wird komplett erneuert. Eine weitere umfassende Sanierung erfolgt von Mai bis November 1998. So avanciert der Pilsumer Leuchtturm zum architektonisch-maritimen Star der Krummhörn und Ostfrieslands.

In Himmelsnähe heiraten: Seit dem 27. Mai 2004 ist der Pilsumer Leuchtturm offiziell ein Standesamt.

Diese wolligen Vierbeiner sind dort zu Hause, wo andere gerne Urlaub machen: in der weitläufigen Deichlandschaft der Krummhörn.

Störtebekerturm Marienhafe

Désirée Warntjen

Der Besserwisser

Wie eine Schlange in der Kältestarre hatte die Angst in ihr geruht. So lange, dass sie das einst so quälende Winden in ihrem Körper und das schmerzende Zischeln in ihrem Kopf vergessen hatte. Jetzt, inmitten des gründuftenden Sommers und lachender Menschen, spürte sie, dass sich etwas Warnendes in ihr regte. Es war nur ein Gefühl, ohne jeglichen erkennbaren Anlass. Doch ihre Handflächen wurden feucht und ihre Kehle zog sich zusammen. Die Schlange war wieder aufgewacht.

Der Türmer schaute hinunter in die weite, sonnendurchflutete Landschaft, die sich mit ihren Weiden und Feldern wie ein grüner Flickenteppich um den kleinen Ort breitete, der ihm, hoch oben auf dem massiven Backsteinbauwerk stehend, mit ziegelgedeckten Häusern und kurvigen Straßen zu Füßen lag.

Lichtschimmernd schlängelten sich die Gräben wie silberne Fäden am Grund, und der Blick reichte so weit, dass der Türmer den Reisebus, der sich wie ein winziges Insekt Marienhafe näherte, schon am Horizont erkennen konnte.

Hätten seine Insassen sich Ferngläser vor die Augen gehalten, dann würden sie bereits die kleine Gestalt droben auf dem markanten Turm entdeckt haben, die auf ihre Ankunft wartete.

„Dort ist er", sagte Harald, tippte mit seinem Finger gegen die Scheibe und lehnte sich zufrieden wieder in seinen Sitz zurück. „Störtebekers Turm!"

Flor und Maxim schauten sich an und grinsten leicht. „Drei-zwo-eins", flüsterte Flor. Und tatsächlich setzte Harald zu einem Vortrag an: „Der Turm ist über 700 Jahre alt und war einst noch viel höher. Und die Kirche war, bevor sie in der ersten Hälfte des 19. Jahrhunderts zurückgebaut wurde, fast so groß wie der Osnabrücker Dom. Nur zwei Meter kürzer soll sie gewesen sein."

Flors und Maxims Onkel liebte es, andere Menschen an seinem umfangreichen Wissen teilhaben zu lassen. „Wissen sollte man nicht für sich behalten, sonst sieht es ärmlich aus in der Welt. Man muss anderen davon abgeben, sonst macht es keinen Sinn", lautete seine Devise. Und da Großzügigkeit zu seinen besten Eigenschaften zählte, gab Harald jede Menge Wissen ab – und vielleicht auch ein bisschen damit an, hin und wieder. Schließlich hatte er keine Mühen und Kosten gescheut, sich jede Menge Bildung anzueignen: als „smarter Jüngling mit lockigem Haar", wie er seinen Zustand in jungen Jahre gerne beschrieb, hatte er ein Medizinstudium aufgenommen, das er abbrach, als er meinte, genug über den menschlichen Körper zu wissen. Er studierte Geographie, Geologie und Archäologie, wechselte dann zu Kunstgeschichte und Philosophie und beendete seine Studien schließlich als Botaniker mit einer Promotion.

Seine Eltern hatten seine Bildungseskapaden mit Geduld und weit geöffnetem Portemonnaie mitgetragen, während seine jüngere Schwester spitzzüngige Kritik wagte, mit der sie sich erst zurückhielt, als Harald begonnen hatte, ihren Kindern Flor und Maxim auf seine einzigartige, fast liebevolle Weise die Welt zu erklären.

Über die Jahre hatte Haralds Lockenpracht sich erheblich gelichtet, während der smarte Jüngling sich in einen gemütlich-beleibten Mann verwandelt hatte, der es nun genoss, eine Zweiersitzreihe im VIP-Touristik-Bus allein für sich zu beanspruchen und seiner Nichte und seinem Neffen Ostfriesland, die Heimat ihrer Vorfahren, näherzubringen.

Die Gruppe bestand aus 15 ebenso zahlungskräftigen wie zahlungsfreudigen Reisenden, die es schätzten, bei Besichtigungen norddeutscher Kulturstätten an Champagnerkelchen zu nippen und sich mit spitzen Fingern kleine kulinarische Kunstwerke in die Münder zu schieben, während sie den Geschichten über Häuptlinge, Vitalienbrüder, Seeräuber, Klöster und Deichbauern lauschten, von denen es auf ihrer Reiseroute nur so wimmelte. Vor zwei Tagen war die Gesellschaft, mit Busfahrer und Bordköchin, in Hamburg gestartet. Und inzwischen hatte man auf einer Sonderfahrt mit der „Etta von Dangast" den Leuchtturm Arngast besichtigt, in einem Vier-Sterne-Hotel mit Jade-Blick übernachtet, am Vortag das Schloss in Jever besucht und die Nacht in einem Wangerländer Heuhotel verbracht. Schick und exklusiv sollte sie schon sein, die Reise, aber auch urig und abenteuerlich. So stand es im Prospekt, und das Reiseunternehmen hatte alles daran gesetzt, die entsprechenden Erwartungen auch zu erfüllen.

In der Störtebekerkammer im Turm von St. Marien floss Champagner. Dem Türmer wären Bierhumpen in den Händen seiner Besuchergruppe lieber gewesen, passend zu seinen Ausführungen über Klaus Störtebeker, den „Becherstürzer". Aber die Bordköchin hatte die Kisten mit Kristall und Schaumwein-Flaschen ausgepackt, wie einst die Vitalienbrüder ihre Schatzkisten. Zumindest glaubte der Türmer mögliche Parallelen zu erkennen. Während er die Geschichte der in der Kammer untergebrachten Exponate noch zu erläutern versuchte, drängten die Besucher ihn, doch nun endlich den Turm zu besteigen. „Kulturbanausen", dachte der Türmer im Stillen und sagte laut: „Immer mir nach!" Etwas wehmütig schaute er auf die ausgestellten Fragmente der Sandsteinreliefs, über die er noch so vieles hatte erzählen wollen.

Die steinerne Wendeltreppe wand sich eng und schmal in die Höhe, die Stufen hinauf zur Plattform waren hoch und unregelmäßig, und als die Gruppe endlich oben angelangt unter dem sattblauen ostfriesischen Himmel stand, keuchte sie im Chor.

Harald schaute in die Gesichter der Mitreisenden, die sich alle in seiner Altersgruppe befanden. Das grelle Sonnenlicht entlarvte gnadenlos Falten und Fältchen und bespöttelte Make-up- und Puderschichten, die nicht länger dezent kaschierten, sondern wie übertrieben aufgetragene Schminke wirkten. Allein Flor und Maxim sahen mit ihren 19 und 21 Jahren so frisch aus wie Wildblumenkelche. „Jaja, die Jugend", summte Harald und lächelte seiner Nachbarin an der Turmbrüstung zu, die irritiert zu ihm hochblickte.

Sie hatte volles rotbraunes, sichtbar getöntes Haar und musste die Mitte 50 auch schon länger überschritten haben, doch ihre grünbraunen Augen hatten ihr Strahlen bewahrt. Allein die harte Linie der Lidfalten dämmte ihre Schönheit mit einem Zug von Kälte.

Harald hatte ein Déjà-vu-Erlebnis. Diese Augen kannte er. „Haben wir uns nicht früher schon mal irgendwo gesehen?", entfuhr es ihm.

Die schmale Frau, einen Kopf kleiner als er, lachte spöttisch auf. „Weiß Gott nicht! Das wüsste ich!", sagte sie und schaute durch ihre Kamera wieder in die Ferne, gen Norden, wo sie das Meer zu erkennen glaubte. Aber Harald lenkten die Gedanken in seinem Kopf von der herrlichen Aussicht ab und suchten nun in seinen Erinnerungen.

Der Turmabstieg erschöpfte die Gruppe noch mehr als der Aufstieg. Beim Gang durch die St.-Marien-Kirche trank Flor aus ihrer Wasserflasche. „Champagner bei diesem warmen Wetter, die haben doch einen Knall!", murmelte sie.

Harald gesellte sich im Altarraum zu seiner Turmnachbarin mit den fast schönen Augen und ihrem Mann. Das Déjà-vu hatte seine Neugier in Gang gesetzt. Vielleicht brachte der Name ihn auf die richtige Fährte. „Ich heiße übrigens Harald Schultz“, stellte er sich vor.

„Anna Heineken“, erwiderte seine Turmbegegnung leicht genervt und wies auf ihren Partner: „Mein Mann: Benito Heineken.“

„Wir kommen aus Argentinien“, sagte Benito freundlich und reichte Harald die Hand. „Mein Urgroßvater stammt aber aus Emden. Wir machen einen Gang durch meine Familiengeschichte.“ „Genau wie wir“, sagte Harald. „Meine Mutter ist gebürtige Auricherin.“

Anna hatte sich schon wieder abgewandt und betrachtete die Figuren Marias und des segnenden Christus.

„Bei diesen Figuren liegt eine Verwechslung vor“, erklärte sie dem Türmer, der gerade auf die ursprünglichen Nischenstandorte der Skulpturen hinweisen wollte. „Bei dem angeblichen Christus handelt es sich eher um einen der Evangelisten und in der christlichen Kunst wird Maria nicht mit einem Buch dargestellt.“

Harald lächelte. „Oh, da täuschen Sie sich aber gewaltig!“, sagte er. „Denken Sie nur an die ‚Verkündigung‘, zum Beispiel von Giovanni Bellini, in der Maria der Erzengel erscheint, als sie die Heilige Schrift liest. Oder an die Darstellung Christi im Aachener Dom mit dem Buch der sieben Siegel. Außerdem ist diese Segnungsgeste allein Christus vorbehalten.“

Anna setzte zu einer scharfen Bemerkung an, doch dann taxierte sie Harald mit zusammengekniffenen Augen und griff sich an den Hals. „Benito, ich gehe nach draußen, ich brauche frische Luft“, sagte sie und zog ihren Mann am Arm mit sich.

„Was war das denn?“, wunderte sich der sonst eher stille Maxim.

„Ich weiß es nicht.“ Harald zuckte die Schultern. „Ich wollte nur hilfreich sein.“

„Naja, wir haben jedenfalls wieder ein bisschen was dazugelernt“, lächelte Flor. „Ich mag diese Kirche. Unglaublich, dass sie früher noch viel, viel größer war.“

Beim Abendessen in Norden gab es kutterfrische Krabben mit Spiegelei und Bratkartoffeln. Harald trank schon seinen dritten Doornkaat, als die Erinnerung wiederkam. Er wurde blass und seine Hand zitterte leicht, während er das Glas langsam abstellte. Warum war er nicht gleich darauf gekommen?

„Ist dir nicht gut?“, fragte Flor.

Harald blieb stumm und sah starr auf den Teller.

„Harald, was ist mit dir?“ Flor streichelte seinen Arm. Er zuckte und sah sie an.

„Ich weiß jetzt, wer diese Frau ist“, sagte er. „Vor ewigen Zeiten war sie mal eine Freundin.“

„Prima!“ Flor grinste. „Jetzt erfahren wir endlich mal was von deinen Verflossenen.“

„Wir waren nie zusammen. Sie war nur eine Freundin. Sie war die Frau meines besten Freundes und sie heißt Tamana.“

„Sie heißt Anna“, verbesserte ihn Maxim. „Sie heißt wirklich richtig Anna, ich habe ihren Pass gesehen, als der Busfahrer bei der Abfahrt die Liste abgecheckt hat. Er war mir aufgefallen, weil er argentinisch ist.“

„Sie hat ihren Namen geändert. Dazu hatte sie einen verdammt guten Grund!“ Harald presste die Lippen aufeinander, und zum ersten Mal in ihrem Leben sahen Flor und Maxim, dass ihm Tränen in die Augen traten.

„Tamana hat Jochen umgebracht. Kaltblütig umgebracht.“ Harald schluckte.

„Es war eine furchtbare Geschichte. Sie waren zwei Jahre verheiratet, eigentlich eine typische Studentenehe. Wir waren dahintergekommen, dass sie dealte. Sie wollte nicht damit aufhören. Sie war so geldgierig. Sie hatte Jochen wohl auch deshalb geheiratet, weil seine Familie sehr vermögend war. Aber das ist mir erst später klar geworden. Jochen hatte die Examensarbeit für sie geschrieben, sie selbst war viel zu dumm dazu. Das habt ihr in der Kirche ja mitbekommen."

Harald lächelte etwas schief, dann wurde er wieder ernst.

„Er versuchte, sich von ihr zu trennen, aber sie wollte nicht. Schließlich drohte er damit, dass er die Sache mit der Examensarbeit auffliegen lassen würde, wenn sie einer Scheidung nicht zustimme. Da hat sie ihm den goldenen Schuss gesetzt. Ich war dabei, aber ich kam zu spät. Ich sah noch, dass sie die Nadel wieder aus seinem Arm herauszog, die Spritze abwischte und ihm in die andere Hand drückte."

„Du warst also Zeuge?", fragte Maxim. Harald nickte.

„Bei der Obduktion stellte sich heraus, dass sie Jochen zuvor ein Schlafmittel gegeben haben musste. So konnte sie ihm die Überdosis spritzen. 1,2 Gramm 80-prozentiges Heroin. Das hätte selbst einen Elefanten ins Jenseits geschickt. Als ich dazukam, stand sie einfach auf und ging an mir vorbei, als sei nichts passiert. Ich hätte hinter ihr herlaufen müssen, aber ich dachte, ich könnte für Jochen noch etwas tun. Ich rief den Notarzt und die Polizei, aber es war zu spät. Alles war zu spät."

Flor und Maxim schluckten. „Was wirst du jetzt machen?", fragte Flor.

„Ich weiß es nicht", sagte Harald. „Ich hoffe nur, dass sie mich nicht doch noch erkannt hat. Sie ist damals untergetaucht und scheint ja wohl bis nach Argentinien gekommen zu sein. Ich wundere mich nur über ihre vollen Haare. Früher hatte sie dünne Strähnen gehabt. Eine Perücke scheint sie nicht zu tragen."

„Haarimplantation oder Extensions", sagte Flor trocken. Sie sah sich um. „Wo ist sie eigentlich?"

„Ihr Mann wollte heute Abend noch entfernte Familienmitglieder in Greetsiel treffen“, sagte Maxim. „Das habe ich vorhin im Bus mitbekommen.“

„Harald, du musst zur Polizei gehen, sofort!“, sagte Flor.

Harald schüttelte den Kopf. „Das wird nichts bringen. Der Mord liegt 31 Jahre zurück, der ist verjährt.“ Er seufzte auf. „Ich hatte mir immer beides gewünscht: dass diese Frau für ihr Verbrechen bezahlen wird und dass ich sie nie wiedersehen muss.“

„Spätestens morgen beim Frühstück wirst du sie wiedersehen, und jede Wette, du wirst nur noch über sie nachdenken, während der ganzen weiteren Fahrt“, sagte Flor.

„Ja, das werde ich wohl.“ Harald schlug die Hände vors Gesicht. „Ich weiß nicht weiter. Das passiert mir selten.“

Harald hatte schlecht geschlafen und sich vorgenommen, Anna Heineken auf der weiteren Fahrt zu ignorieren, so gut es nur ging. Doch bereits beim Frühstück im Hotel zerplatzte sein Vorhaben. Anna stand plötzlich vor seinem Tisch und sprach ihn an.

„Herr Schultz, ich habe mein Weitwinkelobjektiv gestern auf dem Störtebekerturm liegen gelassen und werde gleich mit einem Taxi nochmal hinfahren, um es zu holen. Wollen Sie mich begleiten?“

Harald starrte sie sprachlos an.

„Mein Mann fühlt sich nicht so wohl, seine Verwandtschaft hat ihn gestern mit Bohnsopp abgefüllt, diesem widerlich süßen Branntweinzeug mit Rosinen. Allein mag ich nicht fahren.“ Sie lächelte.

„Den Kirchenführer habe ich schon erreichen können, er schließt uns auf. Nehmen Sie doch auch Ihre Kamera mit, heute haben wir Schäfchenwolken am Himmel, das werden sicher wunderschöne Aufnahmen. Und dann lohnt sich die Taxifahrt gleich doppelt.“

Harald sah Flor und Maxim an. „Wollt ihr mit?“

Maxim tippte auf seinem Handy herum und blickte nicht auf. „Nö, keine Lust. Wir warten hier auf dich." „Ja", sagte Flor und lächelte. „Der Aufstieg gestern hat gereicht. Aber viel Spaß!"

Harald stand seufzend auf. „Gut, ich fahre mit."

Flor und Maxim sahen den beiden nach. „Der Arme", murmelte Flor.

Harald hatte auf dem Weg zum Taxi geschwiegen, doch auf der Fahrt regte sich seine Redefreude wieder. Eine gewisse Verlegenheit und die Angst vor peinlicher Stille beflügelte seine Worte. Er beschrieb Anna, wie nahe die Nordseewellen einst Marienhafe gekommen waren und dass so mancher Historiker noch heute damit rechnen würde, eines Tages die legendäre goldene Kette zu finden, die Störtebeker den Hamburgern angeboten hatte, um der Hinrichtung zu entgehen. Sie sei so lang gewesen, dass sie laut Störtebeker das mittelalterliche Hamburg hätte umschließen können. Die Pfeffersäcke waren bekanntlich nicht auf diesen Handel eingegangen. „Wer weiß, vielleicht liegt das Gold tief verborgen im Land um Marienhafe", sinnierte Harald.

Der Türmer hatte die Türen schon aufgeschlossen. „Hinauf finden Sie allein?", fragte er höflich. „Aber sicher", lächelte Anna.

Trotz der leichten Bewölkung war die Luft bereits am frühen Vormittag schwül und drückend. Beim Aufstieg fürchtete Harald, auf der Treppe zwischen den engen Wänden stecken zu bleiben. Es lag auf der Hand, dass Anna etwas plante. Um so erstaunter war er, als sie auf der Plattform unterhalb der östlichen Brüstung tatsächlich das Objektiv fanden.

„Gut, dass es nicht geregnet hat", sagte er.

Anna reagierte nicht.

Sie steckte das Objektiv in ihre Kameratasche. Dann schaute sie ihn an.

„Ja, wir kennen uns“, sagte sie leise. „Als du gestern deinen unsäglichen Jesus-und-Maria-Monolog gehalten hast, da habe ich dich wiedererkannt. Wuschel der Besserwisser! Herrje! Mitten in der Pampa tauchst ausgerechnet du wieder auf!“

„Tamana. Was willst du von mir?“, fragte Harald und spürte, dass sein Herz trotz des anstrengenden Aufstiegs auf einmal ganz ruhig schlug.

„Ich will dich umbringen“, sagte Tamana ohne Zögern. Sie zog eine Spritze aus der Kameraseitentasche. „Ein Nervengift aus den südamerikanischen Urwäldern, das sofort wirkt. Der Einstich wird nicht zu erkennen sein. Du wirst an einem Herzstillstand sterben. Dein Alter, dein Übergewicht, die Hitze, die vielen Stufen – keiner wird sich darüber wundern.“

„So leicht mache ich es dir nicht.“ Während sie auf ihn zuging, schritt er zurück.

„Du kannst es dir überlegen.“ Tamana legte die Spritze auf die Brüstung und streifte ein Paar Latexhandschuhe über ihre Hände. „Ich mache seit 30 Jahren Kampfsport. Nichts ist leichter für mich, als dich über die Brüstung zu werfen. Du wiegst zwar mindestens doppelt so viel wie ich, aber ich bin kräftiger und durchtrainiert.“

„Du wirst damit nicht durchkommen“, sagte Harald.

„Aber sicher werde ich das, so oder so!“ Tamana lächelte. „Die Spritze wird angenehmer sein, das kann ich dir versprechen.“

Harald wunderte sich, dass seine innere Ruhe anhielt. „Was hast du mit deinen Haaren gemacht?“, fragte er, um sie abzulenken. „Haarimplantate oder Extensions?“

„Sieh mal einer an, der Besserwisser kennt sich auch auf dem kosmetischen Gebiet aus.“

Tamana verzog hämisch den Mund. Dann griff sie zur Spritze.

„Wuschel, du machst mir mein Leben nicht kaputt. Alles, was ich erreicht habe, habe ich mir schwer erkämpft. Nach Jochens Tod musste ich ganz von vorne anfangen, in der Fremde. Ich konnte mich nur auf mich selbst verlassen. Es war mühsam, aber dann fand ich Benito und seitdem geht es mir gut. Richtig gut!"

„Jochens Tod! Widert dich diese Untertreibung nicht selbst an? Du hast ihn umgebracht, eiskalt ermordet!" Haralds Ruhe hielt an, doch eine Träne rann aus seinem Augenwinkel, als er Jochens Namen nannte.

„Er hat mich unter Druck gesetzt!", fauchte Tamana. „Dein sauberer Freund hat mich erpresst!"

„Ja", sagte Harald, „mit der Wahrheit. Die Aufdeckung des Examensbetrugs hätte auch für ihn Folgen gehabt. Das hat er in Kauf genommen, um dich loszuwerden. Dealen, sich an Abhängigen bereichern – Tamana, du hast nie ein Gewissen gehabt."

„Warum auch? Ich musste damals an mich denken. Und wenn es zu einer Scheidung gekommen wäre, hätte ich nicht mal Anspruch auf Jochens Erbe gehabt!" Die strengen Lidfalten vertieften sich. „Du hast mir alles vermasselt! Du hattest immer schon das Talent gehabt, zur falschen Zeit am falschen Ort zu sein! Und deine unerträgliche Besserwisserei – ich habe dich damals schon nicht ausstehen können."

„So ist das Leben aber, Tamana. Wir treffen immer wieder auf Menschen, die uns herausfordern, und auf Situationen, denen wir uns stellen müssen", sagte Harald.

Tamanas Kinn zuckte leicht. „Ich hatte so eine seltsame Ahnung", sagte sie. „Gleich nach unserer Abfahrt in Hamburg hatte ich so ein komisches Gefühl, dass auf dieser Reise irgend etwas nicht stimmt."

„Mit dir stimmt seit über 30 Jahren nichts mehr“, stellte Harald nüchtern fest.

„Halt endlich mal die Klappe!“, fuhr Tamana ihn an. „Ich zähle von zehn an rückwärts. Du kannst machen, was du willst, aber wenn ich bei eins angekommen bin, bist du am Ende. Entweder hier oben oder …“

Ein plötzlicher Schattenwurf ließ sie verstummen.

„Hände hoch! Lassen Sie die Spritze fallen! Sie sind vorläufig festgenommen!“ Einer der beiden Polizisten, die fast lautlos aus der Lukenöffnung auf die Plattform getreten waren, hatte seine Dienstpistole auf Tamana gerichtet, der andere legte ihr Handschellen an.

„Sie können mir nichts vorwerfen“, rief Tamana.

„Mord und versuchter Mord, das sollte erst mal reichen, um Sie dem Haftrichter vorzuführen“, sagte der Polizist mit der Pistole, die er nun senkte.

„Der Mord ist verjährt! Hören Sie? Er ist ver-jährt! Es ist zu spät!“ Tamana lachte schrill auf.

„Sie irren sich“, sagte Maxim. Mit Flor war er den Polizisten auf den Turm gefolgt war. „Hier greift Paragraph 211 des Strafgesetzbuches: Heimtückischer Mord aus Habgier mit gemeingefährlichen Mitteln, der zudem eine Straftat verdecken sollte. Das ist ein bisschen zu viel für eine Verjährung.“

Tamana riss ihren Kopf herum und warf ihm einen zornigen Blick zu. „Du abscheulicher kleiner …“ „Besserwisser? Ja, das bin ich wohl. Das liegt in der Familie.“ Maxim zwinkerte seinem Onkel zu, der sich an die Brüstung lehnte und tief durchatmete. Jetzt begann sein Herz doch zu rasen.

Für die durchtrainierte Tamana wurde der Turmabstieg mit Handschellen zur Tortur. Harald, Maxim und Flor waren auf der Plattform geblieben. „Wie kam die Polizei so schnell hierher?“, fragte Harald und wischte sich kalten Schweiß von der Stirn.

„Ich habe sie sofort angerufen, als ihr aus der Tür wart“, sagte Maxim. „Gestern war mir aufgefallen, dass sich eine Polizeidienststelle direkt gegenüber der Kirche befindet. Da wusste ich, dass sie schnell genug da sein würden. Sonst hätten Flor und ich dich doch niemals allein mitgehen lassen. Wir haben uns kurz nach euch auch ein Taxi genommen und sind hinterhergefahren. Und als wir ankamen, liefen die Polizisten schon die Treppe hoch.“

Sie blickten hinunter auf den Streifenwagen, der sich, mit Tamana auf dem Rücksitz, in Bewegung setzte. Flor streichelte Haralds Wange. „Diesmal ist es nicht zu spät“, flüsterte sie ihm ins Ohr.

Tamana starrte auf das vorbeifliegende Land. Maxims Worte kreisten in ihrem Kopf herum und nahmen nur langsam Form an.

Die Schlange war entwichen, die Angst war fort. Sie fühlte eine kurze Welle der Erleichterung, bevor sie endlich begriff. In diesem Moment spürte sie, dass ein anderes Tier den Platz der Schlange eingenommen hatte. Es war ein Krake, der überall in ihrem Inneren drückte und würgte und zerrte. Es war das blanke Entsetzen.

Störtebekerturm Marienhafe
Landkreis Aurich

Noch bevor man aus der Ferne das Dorf Marienhafe erahnen kann, ist der Störtebekerturm in Sicht: Mit einer Höhe von 32 Metern ragt er aus der weiten Landschaft des Brookmerlandes hervor und gleicht einem Wind, Wetter und Feinden trutzenden Bergfried. Um diesen Turm ranken sich Legenden wie auch belegte historische Ereignisse. Angesichts seines Alters und seines Standortes mag dies kaum verwundern: Die Zeit nach seiner Errichtung vor mehr als 750 Jahren war geprägt von kirchlichen und weltlichen Herrschaftswech-

Die St.-Marien-Kirche von Marienhafe mit dem „Störtebekerturm". Der Aufstieg auf den Turm erfolgt über eine hölzerne Wendeltreppe, an die sich eine mittelalterliche Steintreppe anschließt.

seln, kriegerischen Auseinandersetzungen, von Reformation, Belagerungen, Sturmfluten, Handelsschifffahrt, Seeräubertum und auch von künstlerischem Schaffen.

Den Namen „Störtebekerturm" erhielt der Turm als geschichtliches Attribut, das auf die Aufenthalte der „Likedeeler" (der Gleichteiler) unter Klaus Störtebeker verweist. Tatsächlich handelt es sich um den Turm der St.-Marien-Kirche von Marienhafe, der im Mittelalter auch eine Funktion als Seezeichen für die Nordseeküste hatte. Kirche und Turm ent-

Der Beiname „Störtebekerturm“ geht auf den gleichnamigen Seeräuber zurück, der als stattliche Bronzestatue auf dem Marktplatz zu finden ist. Auch Freilichttheater-Aufführungen erinnern an den Piraten.

standen in den Jahren 1240 bis 1270. Über mehrere Jahrhunderte hinweg galt die Marienkirche als „Dom im Brookmerland“, denn sie stellte mit einer Länge von 72,5 Metern (heute: 47 Meter) nicht nur die größte und vielteiligste Kirche Ostfrieslands dar, sondern glich ursprünglich in ihrem Grundriss und ihrer Größe dem Osnabrücker Dom.

Bei den großen Sturmfluten der Jahre 1374 und 1375, als Dionysiusfluten bekannt, brachen die Deiche und die Leybucht dehnte sich bis nach Norden und Marienhafe aus. Somit legten die Marienhafer einen eigenen Nordseehafen an, den sie, bis sich die Leybucht im ausgehenden 15. Jahrhundert wieder zurückzog, betreiben konnten. Der Hafen mag entscheidend dazu beigetragen haben, dass Klaus Störtebeker (geboren 1360, hingerichtet in Hamburg 1401) mit der Genehmigung des Häuptlings Widzel tom Brok Marienhafe von 1396 bis 1400 zum Zufluchtsort wählte. Auf einem bis zur Kirche gegrabenen Tief konnten die Likedeeler bis an die Kirche heransegeln. Es heißt, dass Störtebeker den ersten Stock des Turms, die heutige Störtebekerkammer, bei seinen Aufenthalten als Unterkunft genutzt haben soll. Der weithin bekannte Freibeuter dankte es dem Ort und dem Häuptling mit großzügigen Zuwendungen und sorgte auch für eine nachhaltige Renovierung der Kirche, die bei einem Brand im Jahre 1387 beträchtliche Schäden davongetragen hatte.

Dieser Renovierung ist der Erhalt des Gotteshauses über die folgenden Jahrhunderte hinweg zu verdanken. Erst im Jahre 1819 kam es zu weiteren dramatischen Schäden: der Ostgiebel und ein bedeutendes Stück des Chorgiebels stürzten ein. Zerstört wurde dabei auch der Altar. Nach Überlegungen, die St.-Marien-Kirche vollständig abzureißen, entschloss man sich jedoch zu einem Rückbau, um zumindest das Mittelschiff zu erhalten. So wurden in den Jahren 1829 bis 1831 das Langhaus, der Chor, die Apsiden und die Seitenschiffe abgerissen. Die Bereiche zwischen den Säulen als Durchgänge zu den Seitenschiffen wurden zugemauert und das Dach um acht Meter tiefer gelegt. An der Ostseite des Kirchturms ist die ursprüngliche Dachhöhe noch zu erkennen.

Ein Teil der Nischenfiguren sowie der kunstvollen Sandsteinreliefs, die sich rund um die Kirche an den Außenwänden befunden hatten, blieb erhalten und ist sowohl im Kirchenraum als auch in der legendären Störtebekerkammer zu sehen.

Unter Graf Ulrich Cirksena war der Turm anno 1460 derart aufgestockt worden, dass seine Höhe in etwa der damaligen Länge des Gotteshauses entsprach. Nach dem Rückbau der Kirche wurden 1833/1834 auch zwei Stockwerke des Turms abgetragen und der nur noch vierstöckige Torso erhielt ein flaches Dach.

Die Orgel von St. Marien wurde von 1710 bis 1713 von Gerhard von Holy gebaut und ist die am besten erhaltene Barockorgel Ostfrieslands.

Marienhafe hat eine bewegte Geschichte. Um den trutzigen Turm der St.-Marien-Kirche rankt sich manche Legende.

Alter Leuchtturm Borkum

Hans-Erich Viet

Hochzeit

Irgendwie schmeckte der Kaffee ölig. Er hatte es sich schon zur Gewohnheit gemacht, keine Milch hinein zu tun, der Geschmack war dann noch schlimmer. Zucker sowieso nicht, auch bei einem guten Kaffee nicht. Mit Zucker musste er aufpassen. Der Kaffee auf der Fähre war immer ölig. Früher hatte er sich darüber Gedanken gemacht, wieso konnten die keinen duftenden, frischen Kaffee servieren? In der Werbung geht's doch auch. Sie kennen die Abfahrts- und Ankunftszeiten, sie wissen, wie viele Passagiere übersetzen.

Die Kaffeemaschine ist von WMF, keine italienische, wie etwa eine Faema oder wenigstens eine Gaggia, aber immerhin, gute deutsche Wertarbeit. Aus Württemberg, dort wo die Leute kein Hochdeutsch sprechen. Komisch, das war in seinem Kopf hängen geblieben.

Also muss es an der Bedienung der Maschine liegen, am Personal. Das wird das Problem sein. Meistens ist das Personal das Problem. Sie variieren die Kaffeemenge nach Gutdünken, ohne System. Sie brühen den Kaffee zu früh auf und lassen ihn dann stehen, vom Stehen wird er ölig. Aber sie können sagen, wir haben vorgearbeitet, wir sind bereit für den Ansturm der Gäste. Mit einem aufgesetzten Lächeln, bestenfalls, stellen sie den Kaffee vor den Kunden, schnarren ein *Bittesehr*, bieten noch Kuchen an. Bloß nicht, Kuchen auf einem Fährschiff. Kuchen gehört an Land und nicht an Bord.

Bei dem *Bittesehr* horcht er auf, ein gerolltes R. Das Serviermädchen rollt ihr R. Sie kann aus Franken kommen, aus Hof oder aus Wunsiedel, dort, wo Rudolf Hess begraben liegt und wo Jean Paul aufgewachsen ist. Lange hatte er gedacht, Jean Paul wäre Franzose, so wie Jean Paul Sartre. Nein, sie war nicht fränkisch. Wieso sollte Saisonpersonal aus Franken an die Nordsee kommen, die haben doch selbst genug Touristen in Franken. Sie könnte einheimisch sein, vom ostfriesischen Festland. Aus der Krummhörn oder aus dem Rheiderland. Sie müsste noch einen Satz sagen, dann wüsste er Bescheid. Dann könnte er hören, woher sie kommt, er brauchte nur einen zusammenhängenden Satz. Dann wüsste er Bescheid. Er war viel in Ostfriesland rumgekommen, kannte alle Akzente und Nuancen, obwohl er selbst kein Plattdeutsch sprach. Das lag an den Eltern, die waren Flüchtlinge aus der Nähe von Breslau und kamen in den letzten Kriegstagen nach Ostfriesland und sie blieben. Sie konnten natürlich kein Plattdeutsch, versuchten auch nicht, es zu lernen, um vielleicht besser mit den Einheimischen, die sie für schwierig hielten, umgehen zu können. Und so lernte auch er kein Plattdeutsch. Zwar hatte er als Kind versucht wie die Dorfkinder zu sprechen, aber sein Akzent blieb, sie hänselten ihn deswegen und er stoppte sein Sprachexperiment. Besser arrogant sein als ein Trottel.

An allen Schulen in Ostfriesland war er gewesen oder jedenfalls an den meisten – und er hatte Fotos gemacht. Schulfotos, Porträts von Kindern, bunt, brav, analog. Er hatte gut verdient an den Abzügen, aber das war vorbei. Heute knipst jeder mit dem Handy, massenhaft Bilder ohne Sinn und Verstand. Ohne Anspruch, einfach aus der Situation heraus, das kann jeder, sagt die Werbung. Die Menge der Pixel macht's, sagt die Werbung und die Menschen glauben es. Er lächelte in sich hinein. Erstaunlich, wie schnell die Menschen sich verführen lassen.

„Entschuldigen Sie bitte, darf ich fragen, woher Sie kommen? Lassen Sie mich raten, Sie kommen aus Franken – oder aus der Ukraine?“ Das Serviermädchen bemerkte seine Boshaftigkeit nicht. Sie war eigentlich kein Mädchen mehr, sie war mindestens Ende zwanzig, trug ein schwarzes Servierkostüm mit weißem Schürzchen, schwarze Strümpfe, bequeme Servierschuhe aus Wildleder. Das passte nicht zusammen, auch wenn vielleicht der Rücken geschont wurde. Und die schwarzen Strümpfe waren ganz sicher eine Strumpfhose. Er mochte keine Strumpfhosen, nur dann, wenn er sie zerreißen konnte. Er lächelte, ja, er könnte sie von hinten packen, den Rock hochschieben und die Strumpfhose zerreißen. Dann wäre da noch ihr Slip, welche Farbe würde sie wohl tragen, was war in der Ukraine grad Mode? Wahrscheinlich machen die Österreicher auch in der Ukraine eine Riesenkampagne, um mit ihren Dessous die Welt zu überschwemmen. Aber, er musste zugeben, die Unterwäsche-Fotos von Palmers waren gut gemacht. Immer aufreizend, aber nie vulgär. Fototechnisch erste Sahne.

Sie hatte seinen Unterton nicht bemerkt. „Ich komme aus Polen", sagte sie. „Aus Katowice, mein Mann macht Heizungen in Häuser, macht das sehr gut." Ja, dachte er bei sich, erzähl mir was. Jeder Deutsche weiß, dass polnische Handwerker gut sind. Nie würde ich einen Polen an meine Heizung lassen.

„Ach so, aus Polen kommen Sie! Ich war mir nicht sicher, Sie rollen Ihr R so schön. Im Plattdeutschen gibt's das auch, ich würde sagen, wir haben etwas gemeinsam. Darf ich fragen, wie Sie heißen?"

„Agnieszka", sagte sie. Er lächelte wieder, ein schöner Name. Auch sie lächelte. „Ich heiße Fred, manche sagen Freddie zu mir. Ich bin Fotograf, mache heute Hochzeitsfotos am Alten Leuchtturm von Borkum."

„Wie romantisch", sagte Agnieszka, „das ist ein schöner Beruf. Sie bewahren schöne Momente des Lebens in Ihren Fotos und die Menschen sind Ihnen immer dankbar." Freddie lächelte wieder. „Ja, mag sein. So kann man das sagen." „Ich muss weiterarbeiten", sagte sie und ging zurück zum Tresen, den ganzen langen Speisesaal entlang. Freddie schaute ihr hinterher. Sie tänzelte durch die Gänge, musste ausweichen, weil eine große Gruppe Menschen schon am Feiern war. Möglicherweise die Hochzeitsgesellschaft, die er zu fotografieren hatte. Vielleicht auch eine Kegelgruppe aus Nordrhein-Westfalen, aus der Entfernung war das nicht klar. Aber er sah den Hintern von Agnieszka. Er war nicht zu kräftig, wie er es nicht mochte und wie es hier an der Küste zu viele gab. Sie hatte einen schönen schmalen Hintern, der sich sicher noch besser bewegen würde, wenn sie nicht diese gesunden Schuhe tragen würde. Und mit der Strumpfhose würde er schon fertig werden, es wäre nicht das erste Mal. Und sie hatte diese slawischen Brüste, die größer waren, als der Hintern vermuten ließ. Aber eigentlich war sie ihm schon zu alt. Und wenn sie Kinder bekommt und älter wird, geht sie in die Breite, das ist klar.

Er nippte an seinem Kaffee, er war ölig. Sein Magen revoltierte, als die braune Brühe die Speiseröhre entlang floss und die Cardia passierte. Der Mageneingang schloss nicht richtig, schon seit Jahren nicht. Die täglichen 40 mg Ome Puren reichten nicht mehr aus. Es wurden schon mehrere Magenspiegelungen vorgenommen, eine OP wurde ihm empfohlen, bei der eine Manschette aus der Speiseröhre den Mageneingang verengt. Dann könnten Sodbrennen, Aufstoßen und Völlegefühl aufhören.

Könnten. Er traute den Ärzten nicht, er war sicher, dass er irgendwann an Magenkrebs sterben würde. Es lag irgendwie in der Familie.

Doch Freddie täuschte sich, am Abend würde er tot sein und auf dem Totenschein würde nicht Magenkrebs stehen. Würde er noch 20 Jahre leben, ja, dann hätte der familiär bedingte Magenkrebs eine Chance. Aber diese Chance hatte er nicht, also der Krebs nicht und auch Freddie nicht, dessen tatsächlicher Name Alfred war, von seiner Mutter so genannt nach ihrem Bruder, der in der Panzerschlacht von Kursk 1943 gefallen war.

Der schönste Tag im Leben ist die Hochzeit. Sandra hatte alles vorbereitet. Es musste unbedingt der Alte Leuchtturm auf Borkum sein. Früher, mit der Schulklasse war sie schon mal da gewesen und der Turm war toll. Sie dachte an Störtebeker und seine Piraten, damals, als die Seefahrt ein Abenteuer war. Wie ja auch das Leben ein Abenteuer ist. Muss man sich mal vorstellen, mit welch einfachen Mitteln die damals die Weltmeere befuhren. Sie mochte die Filme mit John Christopher Depp dem II., der ein Amerikaner ist und deshalb Johnny Depp gerufen wird. Als Jack Sparrow ist er der Schönste von allen. Irgendwie schwul auch, aber Sandra kannte keinen echten Schwulen und insofern hatte sie nur dieses Gefühl eben. Den Namen Depp fand sie auch komisch, ein Depp ist doch ein Blödmann, ein süddeutscher Ausdruck. Wie kann man sich freiwillig Depp nennen? Aber der Amerikaner kennt die Bedeutung wahrscheinlich nicht und es ist ihm auch egal, weil es mehr Menschen gibt, die englisch sprechen als die, die deutsch sprechen. Aber weil der Johnny auch deutsche Vorfahren hat, kommt der Name wahrscheinlich doch aus Süddeutschland. Sie würde das irgendwann recherchieren.

Auf jeden Fall, Johnny Depp war klug und geschickt und er hat Humor. Das mag Sandra auch an Sebastian, den sie hier auf Borkum heiraten wird. Auch er ist ein eher dunkler Typ, gut aussehend, kommt aus einer Kleinstadt in der Nähe von Stuttgart. Er hat einen so süßen Akzent, irgendwie klingen die Worte wie abgeschmirgelt. Fließend, mit vielen sch-Lauten, so ähnlich klingt auch die Sprache des Ministers in Berlin, der im Rollstuhl sitzt, weil irgendjemand einmal ein Attentat verübt hat und eine Kugel das Rückenmark des Ministers verletzt hat. Wieso sollte jemand auf diesen sympathischen Mann ein Attentat verüben, fragte sie sich plötzlich und nahm sich vor, auch diese Frage zu recherchieren. Geärgert hatte sie sich über die Bemerkung ihres Vaters, dass der Sebastian eine Sprache hat, als ob der ständig mit einem Trollinger gurgeln würde. Sie hatte den Satz erst missverstanden, weil sie nicht wusste, dass der Trollinger ein heller Rotwein ist, der da unten angebaut und getrunken wird. Sie mochte keinen Rotwein, liebte aber Prosecco oder auch Mumm oder den spanischen, der in der Werbung mit der Frau gezeigt wird, auf deren Bauch der Sekt fließt, eine Rosen-Tätowierung berührt und aus der Tätowierung dann eine wirkliche Rose wird, und dann hat die Frau Sex mit ihrem Liebhaber, der auch ein dunkler Typ ist. Bei dem Gedanken fasst sie Sebastian an den Hintern und streichelt ihn, ohne dass die anderen das sehen können.

Sie freute sich auf die kommende Nacht mit ihm und nahm sich vor, nicht zu viel zu trinken, damit sie alles bewusst erleben würde, damit sie die Nacht nie vergessen würde. Sie hatte sich natürlich den Tag ihrer letzten Menstruation gemerkt und war sich sicher, dass sie schwanger werden könnte in dieser Hochzeitsnacht auf Borkum. Und auf Sebastian war Verlass, in dieser Hinsicht. Sie hatten oft darüber gesprochen, sie wollten beide unbedingt ein Kind, so schnell wie möglich.

Das Häuschen in der Siedlung war fast fertig, die Küche war noch nicht komplett – Ceran oder Gasofen, das war die Frage. Sie wollte mit Gas kochen, sie hatte Bilder im Kopf von ihrer Oma, die immer mit Gas gekocht hatte, die rote Stahlflasche mit Propan war ihr so vertraut. Sebastian war modern eingestellt, natürlich musste es ein Ceranherd sein, das war selbstverständlich für ihn. Er arbeitete als Ingenieur bei einer großen Firma in Aurich, die Windanlagen herstellt, die in die ganze Welt verkauft werden und überall ihre Windflügel drehen und Strom produzieren, mit dem man natürlich auch einen Ceranherd betreiben kann. Genauso weltbekannt wie die großen Schiffe, die in Papenburg von einer Firma mit einem deutschen Allerweltsnamen gebaut werden und die auf allen Weltmeeren fahren.

Ja, man konnte stolz sein, in dieser Region zu leben und eine Familie zu gründen. Sandra war es und Sebastian auch, wenn er sich auch nicht so viele Gedanken machte wie sie. Auf jeden Fall war er stolz auf sie, weil sie gut mit Menschen umgehen konnte und Charme hatte und als Kindergärtnerin die beliebteste bei den Kindern ist und bei den Vorgesetzten auch. Und im Bett war sie eine Granate, so wie er sich ausdrückte, wenn er mit seinen Ingenieurskumpels unterwegs war. Sie war experimentierfreudiger im Bett als er, wobei das Bett nur *ein* Ort für Sex war, lieber war sie mit ihm in der Natur. Am Deich, auf dem Wasser und im hohen Gras der grünen Wiesen im Mai. Sebastian war zufrieden und die Kollegen neidisch. Einige waren mit dabei auf Borkum, ebenso die besten Freundinnen von Sandra.

Ein wenig peinlich war es ihm allerdings, als auf der Fähre seine Ingenieurskumpels eine offenbar aus dem Osten stammende Bedienung anmachten, nach ihr tatschten und ihr auf Arsch und Titten starrten. Und gerade diese Bedienung, mit dem schönen Namen Agnieszka, hatte den italienischen Prosecco gebracht, der von der Reederei zum Anlass der Hochzeitstour spendiert worden war. Mit dem Spumante mutig geworden, fingen die Jungs an zu grabbeln und die Frauen, die Freundinnen von Sandra, quietschten über den großen Spaß.

Es ist schon so, dass bei Beerdigungen und Hochzeiten die Emotionen eher blank liegen. Das sind gewissermaßen psychologische Ausnahmezustände. Alle sind berührt oder gerührt, tragen die besten Klamotten und denken über das Leben nach. In dieser Situation, in der feierlichen Aufmachung und dann mit Alkohol geht's los. Immer wieder kommt es unter den Gästen, also den Trauer- oder den Freudengästen, zu Fraternisierungen, zu Flirts und zu Techtelmechteln, die häufig über das unmittelbare Ereignis hinausreichen.

Das wusste Freddie sehr genau, zum Beispiel hatte er den ersten Teil des Films „Der Pate“ vor Augen und nie vergessen, was bei der Mafiahochzeit passierte. Sonny, der Film-Sohn von Marlon Brando, macht sich an eine junge Frau ran. Beide verschwinden nach oben in ein Schlafzimmer, Sonny reißt ihr die Unterwäsche vom Leib, hebt ihr festliches Kleid und vögelt sie im Stehen, gestützt von der Tür. Beide schreien vor Lust. Toll. Er lächelt still in sich hinein, als er sein Fotoequipment in Richtung Alter Leuchtturm schleppt. Mal sehen, ob etwas für ihn abfallen würde, bei dieser Hochzeit. Er war guter Dinge und auch sein Magen machte schon weniger Ärger.

Eine Gruppe von Hochzeitsgästen kommt ihm entgegen, alle sind lustig und aufgedreht und es wird gefilmt und fotografiert. Wahrscheinlich die Trauung, die vor seinem Termin durchgeführt wurde. Bis zu 15 Trauungen können am ersten Freitag im Monat hier stattfinden, fast alle kommen vom Festland. Der schönste Tag im Leben eben. So ein Blödsinn, dachte er bei sich, das kann ja nur bedeuten, dass alle anderen Tage weniger schön sind, was für ein deprimierender Gedanke. Schon deswegen sollte man nicht heiraten, dachte Fred. Ist doch eine Frage der Logik, wie können die Leute nur auf solche Sprüche hereinfallen, der schönste Tag im Leben. Gemeint ist das eigentlich für die Frau, für die Frauen ist der Spruch gedacht. Damit das teure Kleid eine Berechtigung hat, damit die Freundinnen neidisch werden und die Familie Ruhe gibt. Der Mann weiß, er möchte mehr erleben, als er an diesem aufgepeppten sogenannten „schönsten Tag“ erleben wird. Was soll's, dachte Fred, er macht sein gutes Geld damit.

Aufgeputzte Kinder kommen ihm entgegen, springen und lachen. Für die Kinder ist es sicher schön. Zwei Mädchen fallen ihm sofort auf, sie sind vielleicht 13 oder 14, sind hübsch zurechtgemacht, die kleinen Busen erkennt er schon, geschminkt haben sich die Mädchen. Und sie tragen keine Strumpfhosen, ihre glatten nackten Beine stecken in weißen Söckchen, diese kleinen Biester. Was sie wohl als Slip unter dem Kleid tragen? Vielleicht mit Motiven aus Pocahontas oder rosa Bärchen oder Disney-Figuren? Nein, wahrscheinlich tragen sie zum ersten Mal richtige Frauenunterwäsche, zusammen gekauft mit ihren Müttern, die den anderen Müttern zeigen wollen, wie entwickelt ihre Töchter schon sind. Und die Onkels werden nervös und ihre Blicke verfangen sich an den Lolita-Details, das ewige Spiel. Fred lächelt.

Ihm fällt eine Situation ein, die vor vielen Jahren passierte. Die sich einfach so ergab. Er saß im Wartezimmer beim Arzt, damals schon der Magen. Das Wartezimmer war fast leer, nur zwei Mädchen, offenbar Freundinnen, waren zugegen. Sie erkannten ihn, weil er an ihrer Schule die Fotos gemacht hatte. Sie waren vielleicht 8 oder 9 Jahre alt, oder auch schon 10. Jedenfalls war das sehr lustig. Die Mutter des einen Mädchens war im Arztzimmer und er war mit ihnen alleine und verwickelte sie in irgendein Gespräch. Darin war er gut. Er machte Witzchen und die Mädchen lachten. Dann fragte er die Mädchen: „Wer von euch möchte sich fünf Mark verdienen?" Beide wollten sich gerne fünf Mark verdienen. „Also", sagte er, „wer von euch sich auf meinen Schoß setzt, bekommt von mir fünf Mark, Ehrenwort."

Das eine Mädchen schüttelte heftig den Kopf und wurde rot. Ihre Freundin fragte nach. „Fünf Mark, einfach nur so?" „Genau so, Ehrenwort." „Gut." Kichernd kam sie zu ihm und er half ihr auf seinen Oberschenkel, ihr Gesicht ihm zugewandt. Er hatte ihren Atem gespürt, der nach süßem Bonbon roch. Vielleicht Maoam oder ähnliches. Er hatte sein Bein ein wenig auf und ab gewippt und ein wenig geschaukelt und das Mädchen hatte gelacht und er hatte auf seinem

Oberschenkel die warme Innenseite der Schenkel des Mädchens gespürt. Dann war sie runtergehopst, hatte die Hand aufgehalten und gesagt: „Fünf Mark!" Ihre Freundin hatte die ganze Zeit weggeschaut, immer noch mit hochrotem Kopf. Er hatte die fünf Mark in Markstücken vorgezählt und das Mädchen hatte ihrer Freundin triumphierend das Geld in ihren Händen vorgeklimpert. Die Mutter kam in das Wartezimmer, sie war schwanger und hatte offenbar einen diesbezüglichen Termin. Sie half den Mädchen in die Jacken und alle drei gingen. Er hatte sehr freundlich *Tschüss* gesagt und das Mädchen mit seinem Geld hatte strahlend *Tschüss* zurück gesagt, das andere Mädchen hatte nichts gesagt und die Mutter hatte nur kurz genickt. Er zehrte noch lange von diesem Erlebnis, das ihm sehr bei seinen Phantasien half, wenn er alleine war.

Alles war gut vorbereitet, Sandra und Sebastian hatten sich frühzeitig gekümmert. Es galt, einen ersten Freitag im Monat für den schönsten Tag zu bestimmen. Es war gar nicht so teuer, fanden beide, hundert Euro für die standesamtliche Trauung oben im Alten Leuchtturm. Ein halbes Jahr vorher stand alles fest. Die Freunde hatten sich lustige Spiele ausgedacht, zu denen sie allerdings nicht mehr kamen. Die Trauung oben im Turm war schön, der Beamte ließ sich Zeit, man ging danach auf die Plattform und genoss die Aussicht über Borkum und den Blick aufs Meer. Immerhin, lange hatte der Turm den Schiffen, die nach Emden unterwegs waren, den Weg gezeigt. Zuerst als Landmarke, später dann, ab 1817 mit einem Leuchtfeuer. Sebastian kannte sich aus und erklärte ausführlich, diese frühe Technik interessierte ihn. „Die Befeuerung fand damals mit Rüböl statt, gewonnen aus Raps. Heute würde man sagen, mit Biodiesel", scherzte Sebastian. Auch erklärte er seiner Sandra die Funktion des damals modernen Fresnel-Linsen-Systems, mit dem das Licht viele Kilometer seewärts leuchtete. Aber Sandra war nicht so interessiert an den technischen Details und außerdem war sie beunruhigt. Irgendetwas ging ihr durch den Kopf und sie wusste nicht, was sie beunruhigte. Alles war so schön, alles klappte. Die Freunde waren gekommen, die Familien, die sich nicht gut kannten, verstanden sich glücklicherweise, trotz der wirklich sehr schmirgeligen Sprache seiner Verwandten. Klar, das Benehmen seiner Freunde auf der Fähre der polnischen Bedienung gegenüber war ihr unangenehm. Sebastian hatte seine Freunde in Schutz genommen, es seien alle herzensgute Jungs und sie solle nicht spießig sein. Fast hätten sie beide sich gestritten darüber, aber Sandra hielt sich dann doch zurück. Es war immerhin der schönste Tag im Leben und da sollte man nicht spießig sein. Da hatte Sebastian schon recht. Sie hatten die Ringe getauscht, hatten sich lebenslange Treue versprochen und dass sie sich umeinander kümmern werden, bis zum Tod.

Sie musste weinen bei diesem Satz und Sebastian küsste ihre Tränen weg und diese Szene war so anrührend, dass alle Gäste spontan applaudierten. Und die Freundinnen mussten ebenfalls weinen, in der Hoffnung, bald auch so etwas Schönes erleben zu dürfen. Die Mütter weinten sowieso, Mütter weinen in solchen Situationen sowieso und die Männer drücken dann die Hände der Ehefrauen, schauen ihnen in die Augen und nicken dabei.

Und der Fotograf, den Sebastian nach gründlicher Recherche ausgesucht hatte, war genau der Richtige. Ohne viel Aufhebens passte er sich der Situation an, sah die Momente großer Emotion und drückte im rechten Moment auf den Auslöser. Er machte bewegte Bilder, die aus der Situation heraus entstanden. Er machte Fotos mit ‚Available Light', wie er Sebastian im Vorgespräch erklärt hatte, Sebastian wollte es aber auch genau wissen. Der Begriff kommt aus dem Englischen und bedeutet, dass Fred nur dann den Blitz benutzt, wenn es gar nicht anders geht. Die, die immer blitzen, produzieren Reflexionen auf den schweißigen Gesichtern. Die Gesichter sehen dann aus wie fettige Schwarten vom Schwein, hatte Fred gesagt. Ohne Tiefenschärfe, sozusagen nicht im guten Sinne plastisch. Sebastian störte sich an dem Ausdruck der Schweineschwarte, aber er dachte, dass ist eben so, hier im Norden. Die Leute reden geradeaus. Ohne Schnörkel. Ehrlich, direkt. Er würde sich daran gewöhnen.

Sandra hatte sozusagen einen Kloß im Hals, sie konnte sich ihre bedrückte Stimmung nicht erklären und hatte deswegen ein schlechtes Gewissen Sebastian gegenüber. Als er oben auf der Plattform des Leuchtturms über Fresnel-Linsen und den großen Brand damals 1879 doziert, unterbricht sie ihn, indem sie sagt, dass sie gehört hat, dass die Borkumer am Strand Feuer entzündet haben, damit die Schiffer denken, es wäre der Leuchtturm. Durch das falsche Licht irregeleitet, stranden die Schiffe auf einer Sandbank oder am Strand, sie zerbrechen und die Ladung wird von den Insulanern geraubt. Sebastian will das nicht glauben, das sei doch bestimmt nur eine Räuberpistole. Der einheimische Standesbeamte, der oben mit auf der Plattform steht, lächelt gequält, sagt aber nichts.

Jetzt wendet sich Sebastian an Freddie, der auch oben seine bewegten Bilder macht. Er wäre quasi neutral und möge doch zu dem Thema etwas sagen. Freddie ist bester Laune, spürt aber natürlich die aufkommende schlechte Stimmung und will diese heben. Außerdem gefällt ihm die Braut, die wie ein properes Praliné in ihrem Brautkleid steckt und alsbald vernascht werden wird. Die Vorstellung fasziniert ihn, er muss an die entsprechende Szene mit Sonny und der Frau im Paten, Teil 1 denken. Also sagt er etwas, was die Braut bestätigen soll und die Stimmung heben wird. Ja, es gab Strandräuberei früher und heute wäre es noch genauso, nur dass eben die Touristen ausgenommen werden. Das findet

Sebastian wirklich sehr komisch und lacht laut los, andere Hochzeitsgäste finden das auch lustig und lachen mit. Der Standesbeamte allerdings, lächelt jetzt noch gequälter und quetscht ein – so könne man das doch nicht sagen – heraus. Sandra lacht wider Erwarten auch nicht und starrt Freddie an, der entschuldigend mit den Schultern zuckt.

Jetzt ruft die Festgemeinde im Chor: „Das Spalier, das Spalier!!“ Sie nehmen das Brautpaar in die Mitte und alle machen sich auf den langen Weg runter vom Turm. Unten ist wirklich ein Spalier vorbereitet. Alle Gäste stellen sich in zwei Reihen gegenüber auf, kleine Windräder aus Plastik werden hochgehalten und bilden einen Windparktunnel. Das haben sich natürlich Sebastians Arbeitskollegen ausgedacht. Dazu haben die Freunde einen Akkordeon-Spieler angeheuert, der kräftig in die Tasten haut und „Eine Seefahrt, die ist lustig, eine Seefahrt, die ist schön“ spielt. Hollahi, hollaho. Freddie geht rückwärts durch das Spalier und macht unentwegt Fotos vom Brautpaar, wie es durch das Spalier geht. Die Stimmung ist auf dem Hoch, auch weil vorher noch Sekt ausgeschenkt wurde, alle haben gut zugelangt. Nur Sandra wird immer stiller, an der Hand von Sebastian folgt sie dem Fotografen durch das Spalier wie in Trance. Es fällt in dem Trubel nicht weiter auf, Freddie wundert sich ein wenig. Aber was weiß er schon von den Geheimnissen eines frisch vermählten Paares. Er hat eine professionelle Distanz und macht seinen Job.

Am Ende des Spaliers haben die Freunde aus dem Segelclub zwei Tauenden mittels eines Palsteks verknotet, diesen muss das Paar gemeinsam zerschneiden und bekommt ein Segelmachermesser gereicht. Dazu der Refrain, hollahi, hollaho. Sandra wirkt immer abwesender, Sebastian führt ihr die Hand, um gemeinsam mit dem scharfen Messer den Knoten zu zerschneiden. Freddie macht Detailfotos von diesem Vorgang. Hände, Messer, Knoten – dann viele Zweier-Fotos des Paares, dann richtige Nahaufnahmen der Gesichter. Ein lachender Sebastian, der Sandra auch noch einen Kuss gibt – genau den Moment erwischt Freddie natürlich, er ist Profi. In der Großaufnahme von Sandra sieht er ihr Gesicht, wie sie seltsam teilnahmslos mitmacht, wie sie irgendwann direkt in seine Kamera schaut. Er macht viele Fotos in Reihe. Sandra schaut ihn direkt an, Freddie bemerkt das durch den Sucher, er ist zum ersten Mal irritiert. Er nimmt die Kamera runter.

Irgendwie kennt er dieses hübsche Gesicht, aber woher?

Sandra kennt den Fotografen, sie war in seinem Auto. Blitzartig kommen immer mehr Bilder in ihr hoch. Sie war vierzehneinhalb damals, ging in die Schule. An dem Tag war der Schulfotograf da und machte Bilder von allen. Sie hatte sich extra ein hübsches Kleid angezogen. Mit ihrer Mutter zusammen hatte sie es in der Kreisstadt gekauft. Nach der Schule wollte sie ihre Oma besuchen, die hatte Geburtstag, da war ihr neues Sommerkleid grad richtig. Sie fuhr per Anhalter, alle fuhren per Anhalter damals, man konnte nicht immer auf den Schulbus warten, das dauerte ewig. Freddie hielt an und nahm sie mit, sie kannte ihn ja, er war der Schulfotograf. Er machte ihr Komplimente und bot an, sie zur Oma zu fahren. Er legte seine Hand auf ihr Knie und streichelte ihre Oberschenkel, er wurde immer forscher mit seiner rechten Hand, sie nahm seine Hand und hielt sie fest, damit er nicht weitermachen würde. Er nahm seine Hand zurück und fragte lächelnd, ob sie denn keinen Freund hätte. Sie sagte nein und dass sie aussteigen möchte. Er sagte kein Problem, wo ist das Problem. Sie fuhren schweigend weiter, er schaltete den CD-Player ein, es ertönte Waterloo von ABBA.

Plötzlich biegt er in einen Feldweg ein und fährt an eine unübersichtliche Stelle. Er betätigt die Zentralverriegelung und schaltet den Motor aus. Die Musik spielt weiter. Er legt seinen rechten Arm um ihre Schulter und streichelt mit der linken Hand ihre Schenkel, wandert über ihren Bauch zu ihren Brüsten und streichelt ihr Gesicht. Sie will schreien, aber sie kann nicht, sie ist wie gelähmt. Sie ist gelähmt.

Mechanisch schneidet sie mit Sebastian weiter, um das Seil zu durchtrennen. Sie starrt den Fotografen an, der steht ruhig da. Das Akkordeon spielt weiter, die Hochzeitsgäste singen. Ihre Hand fasst das Messer fester, sie nimmt es Sebastian aus der Hand, holt aus und sticht mit aller Kraft das Messer in den Bauch des Fotografen. ABBA singt, Waterloo – promise to love you forever more. Freddie nimmt ihre Hand und führt sie zwischen seine Beine, dass sie seine Erregung fühlen muss. Sie will zurückweichen, aber er lässt sie nicht. Er zwingt sie, ihn anzufassen. Promise to love you forever more. Erstaunlich leicht durchdringt das Messer die Bauchdecke und bohrt sich tief in seine Eingeweide. Sie zieht das Messer zurück und holt noch einmal aus. Er fasst ihr mit der rechten Hand in den Nacken und drückt ihr Gesicht auf sein Geschlecht, das er ihr mit der linken Hand entgegenhält. Forever more.

Mit noch größerer Kraft als beim ersten Stoß rammt sie das Messer zum zweiten Mal in seinen Bauch und lässt es dort. Kraftlos fallen ihre Arme zur Seite, der Akkordeon-Spieler hört endlich auf zu spielen. Freddie ist überrascht, auch darüber, dass er keine Schmerzen spürt. Er hört keine harten Töne, alles klingt gedämpft. Er sieht, wie die Menschen zurückweichen, er sieht auf seinen Bauch, sieht den Holzschaft des Messers. Er macht Anstalten, das Messer anzufassen, hat aber nicht die Kraft. Er sieht in das Gesicht der Braut, versucht sich zu erinnern, woher er diese Frau kennt. Es fällt ihm nicht ein. Er lächelt über seinen absurden Zustand. Ein mittelalterlicher Mann mit einem Messer im Bauch zwischen feiernden Menschen. Die Frau wird ihn schon kennen, da ist er sich sicher. Seine Kamera liegt am Boden, bestimmt sind die Fotos gelungen. Da ist er sich sicher. Langsam werden ihm die Knie weich, er sackt auf die Knie. In seinem Bauch ein warmes Gefühl, ein leichtes Brennen. Er weiß nicht, dass das Messer haarscharf an seinem Magen-Eingang vorbeigezogen ist. Der zweite Stich ging tiefer, durchtrennte die Aorta im hinteren Teil des Bauchraumes. Sein kräftiges Herz pumpt immer mehr Blut zwischen seine Eingeweide. Das Herz war nie das Problem in der Familie, eher der Magen.

Wer war diese Frau? Eine leichte Ahnung. Es könnte in der Zeit gewesen sein, als er den 7er BMW fuhr, tolles Auto. 3-Liter-Maschine, 6-Zylinder-Reihenmotor. Ledersitze, schöne Ledersitze. Und eine kräftige Musikanlage, er hörte damals gerne ABBA, eigentlich war er bis heute ein ABBA-Fan. Die Musik war damals irgendwie zeitlos.

Alter Leuchtturm Borkum

Landkreis Leer

Er ist das Wahrzeichen des Eilandes und steht auf den ältesten Grundmauern der Ostfriesischen Inseln: der Alte Leuchtturm von Borkum. Der ursprüngliche Kirchturm, der Anfang des 14. Jahrhunderts entstanden war und seinerzeit zur kleinen Inselkirche gehörte, diente den von See kommenden Schiffen am Tage als Navigationshilfe. Doch mit dem stetig wachsenden Seehandel forderten die Emder Kaufleute, in deren Hafen um 1570 mehr als 400 Schiffe beheimatet waren, eine Erhöhung des Turms. Senat und

Der Alte Leuchtturm ist 41 Meter hoch. Bei seiner Errichtung anno 1576 wurden auch Backsteine verwendet, die beim Bau des alten Emder Rathauses übrig geblieben waren.

Bürgerschaft der Stadt Emden ließen daher 1576 auf dem Standort des alten Kirchturms einen neuen Turm errichten, der stattliche 41 Meter aufbieten konnte – verwendet wurden dabei auch Backsteine, die beim Bau des Emder Rathauses übrig geblieben waren. Eine sandsteinerne Gedenktafel an der Westseite des Turms erinnert an die einstigen Auftraggeber aus der Seehafenstadt. Zunächst diente der Turm nur als Landmarke, im Jahre 1817 wurde sein Dach entfernt und eine kuppelförmige Laterne eingebaut, in der

ALTER
LEUCHTTURM
OST

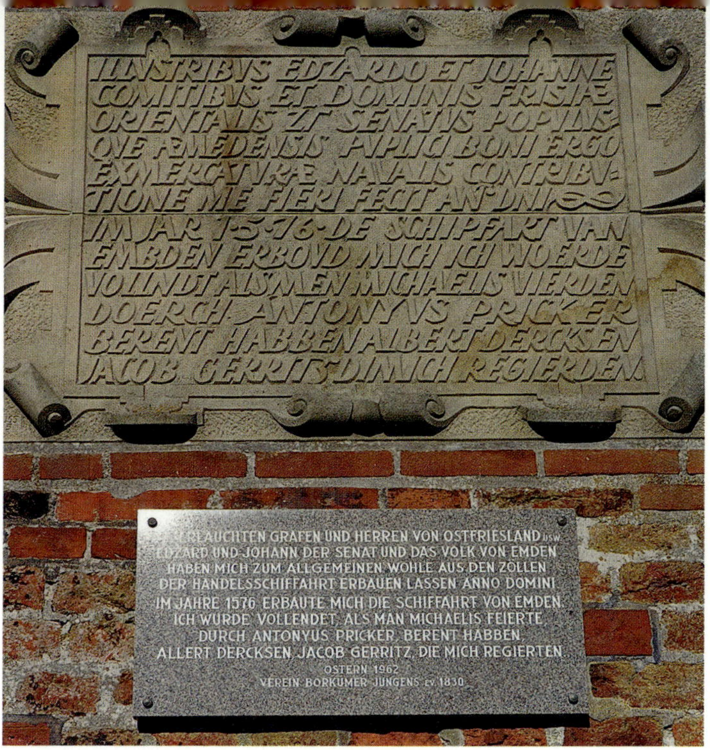

Diese Sandsteintafel an der Westseite des Turms weist auf die Auftraggeber aus Emden hin, die den Bau seinerzeit veranlassten.

sich ein Leuchtfeuer mit Öllampen befand. Es heißt, dass der Feuerschein eine Reichweite von bis zu sechs Seemeilen gehabt haben soll. 1857 wurde dieser Apparat durch eine mehrdochtige Einzellampe und eine große Gürtelleuchte ersetzt. Es wurden stündlich bis zu 350 Gramm Rüböl verbraucht, entsprechend groß waren die im Turmkeller gelagerten Ölvorräte.

Doch wie es in der Historie vieler Leuchttürme nachzulesen ist, lag es in der Natur der Sache, dass auch hier ein Brand geschah. Die Flammen an jenem 14. Februar 1879 sollen verheerend gewesen sein. Es heißt, dass die Trümmer der mit Sägespänen gefüllten Holzdecke zusammen mit dem Lampenapparat in die Tiefe stürzten und die Ölvorräte in Brand setzten. Der Turm brannte vollständig aus. Kurz darauf entschloss man sich zum Bau eines neuen Leuchtturms.

Und man entschied, den alten Turm instand zu setzen und mit einer Uhrenanlage zu versehen, um darin späterhin die Wetterbeobachtungsstation der Deutschen Seewarte Hamburg unterzubringen – und zwar von 1895 bis 1921. Während des Ersten und des Zweiten Weltkriegs wurde der Alte Leuchtturm für militärische Zwecke genutzt und beherbergte von 1945 bis 1948 die Seenotfunkstelle der Deutschen Gesellschaft zur Rettung Schiffbrüchiger. Da der Zahn der Zeit an dem Gebäude nagte, machte es sich der Heimatverein Borkum e.V. im Jahre 1982 zur Aufgabe, das geschichtsträchtige Bauwerk vor dem Verfall zu retten und für die Zukunft zu erhalten – dafür bekamen die Ehrenamtlichen den Turm kurzerhand geschenkt. Seit seiner Sanierung ist er für die Öffentlichkeit zugänglich – und das nicht nur für Verliebte, die sich im Turmzimmer das Ja-Wort geben wollen. Der Raum in 40 Metern Höhe wird außerdem als Teestube genutzt, in der man neben dem aromatischen Heißgetränk auch einen Blick über die Insel genießen kann.

Ganz in der Nähe des Alten Leuchtturms befindet sich das Heimatmuseum und zu seinen Füßen auf der historischen Kirchwarf „de Walfangerkarkhoff" – auch hier kümmert sich der Heimatverein um den Erhalt. Dort erinnern Walknochen, Gräber und Gedenksteine an jene Zeit, in der auf Borkum unerschrockene Grönlandfahrer zu Hause waren. Der Walfang brachte den Insulanern im 18. Jahrhundert viel Wohlstand und ebensolches Leid, denn viele fanden den Tod auf See. Als Relikt aus dieser Ära gibt es in der Wilhelm-Bakker-Straße – nicht weit vom Alten Leuchtturm – den Walkinnladenzaun des erfolgreichsten Borkumer Walfangkommandeurs Roelof Gerritz Meyer zu entdecken. Er soll in 44 Jahren 270 Wale erlegt haben und verstarb 1797 mit 87 Jahren. Der Zaun, der zu seinen Lebzeiten ein Symbol für seinen Wohlstand und Erfolg war, trotzt seit mehr als zwei Jahrhunderten dem rauen Nordseeklima.

Zu Füßen des Alten Leuchtturms befindet sich „de Walfangerkarkhoff". Die Grabsteine erinnern an Borkums unerschrockene Seefahrer.

Unter Denkmalschutz steht der Walkinnladenzaun von Roelof Gerritz Meyer, der einst erfolgreichste Walfangkommandeur Borkums.

Wasserturm Langeoog

Lübbert R. Haneborger

Weißglut

Argwohn begleitete jeden meiner Schritte und auch die goldbraune Abendstimmung erwies sich bald als trügerisch. Ich spürte deutlich das Beben tief im Inneren des Inselbodens. Als Erster, als Einziger. Denn irgendwie hatte ich keinen Zweifel daran, dass ich alleine war auf diesem Eiland – abgesehen von der Laterne und der bronzegefassten Lili Marleen. Aber sie nahm ich schon gar nicht mehr wahr, sie rutschte einfach aus meinem Blick. Dagegen drängte sich der mächtige Wasserturm unaufhaltsam in mein Bewusstsein. Und ich konnte von jetzt auf gleich mit den Händen nach seinen weißen Mauern greifen und fühlen, wie sich die Spannung plötzlich in seinem Inneren entlud. Aus kleinen Rissen sprudelten die ersten Rinnsale. Doch schnell quoll das Wasser immer heftiger hervor und verwandelte die fingerdicken Ströme in wahre Fluten. So als wollte sich das Meer die Insel wieder einverleiben. Ich versuchte verzweifelt das Bauwerk mit meinen Händen zusammenzuhalten, doch alles Zerren und Wollen blieb vergebens: Der Turm zerbarst. Das Wasser aber versickerte wie im Zeitraffer im Dünensand, von wo es gekommen war. Und als das letzte kleine Rinnsal in den Boden sank, schien es mir blutrot im Schein der Abendsonne.

*

Seit Stunden nur der stete Tropfen der Infusionslösung. Wie ein unerbittlicher Zeitnehmer, der ins Leere zählt. Meine Hand greift in die graue Triangel des Krankenbetts und sucht genau wie meine Sinne nach Halt. Dabei brennt sich nur das leere Weiß der Zimmerdecke in meine Augen; so lange nicht das Bewusstsein verschwimmt und als Alptraum zurückkehrt – wie gerade eben.

Ich weiß weder, was die anderen wissen, noch wo sich dieses Krankenzimmer befindet – noch auf Langeoog oder schon auf dem Festland? Ich glaube, draußen vor der Tür fielen vorhin kaum hörbar die Worte „vermutlich Commotio cerebri". Was wohl so viel wie zerebraler Aufruhr oder Gehirnerschütterung bedeuten soll, wenn mich mein medizinisches Halbwissen nicht täuscht. Jedenfalls kein Wunder bei diesem unerwarteten Sturz. Mein Rücken macht mir im Moment am meisten zu schaffen, und ich kann mich kaum rühren. Dagegen werden die Gedanken wieder lebendig und beanspruchen die Zimmerdecke als Leinwand. Ich werde zu einem ungewollten Kinogast meiner letzten Tage und sehe wieder alles genau vor mir.

*

Schon in Bensersiel am Reederei-Terminal glaubte ich, sie gesehen zu haben. Aber das konnte ja nicht sein. Niemand wusste von unserem Urlaub auf der „Insel fürs Leben", so kurzentschlossen wie Isabel und ich losgefahren waren. Als ich das vielspitzige Gebäude mit seiner Holzverkleidung endlich betrat, brauchten meine Augen einen Moment, um sich an die Lichtverhältnisse zu gewöhnen und Isabel zu finden. Da war plötzlich eine Handbewegung ganz in ihrer Nähe, die unter hunderttausenden einzigartig ist. Aber schon hatte sich die Person weggedreht und war in dem Gewühl verschwunden. Auch auf der „Langeoog IV" der Inselreederei fand sich keine Spur von ihr. Gleichzeitig wollte ich nicht wieder in mein altes Leben und meine alten Gewohnheiten zurückverfallen und Isabel einen Grund vortäuschen, um ein weiteres Mal ungestört an Deck nach ihr Ausschau zu halten.

Am Inselhafen, mehr als eine halbe Stunde später, das gleiche Spiel und auch die Fahrt mit der kunterbunten, altmodischen Inselbahn verlief ungestört. Ich hatte mich also geirrt. Mein Alptraum, dass sie wieder in meinem

Leben auftauchte, sollte nach all den Jahren ausbleiben. Schon verlor ich mich wieder in der Zweisamkeit mit Isabel und in der Menge der Urlaubshungrigen. Die Freude über ein gemütliches Hotelzimmer mitten im Ort und zehn Tage Freiheit von allen Verpflichtungen nahm mich erneut gefangen.

Und die nächsten drei Tage boten wirklich die angepriesene Bilderbuchidylle – mit strahlender Sommersonne und angenehmen Wassertemperaturen. Wir genossen entspannte Stunden am Strand und im Getümmel der Wellen und spazierten auf dem langen Höhenweg, der sich über den Dünengürtel schlängelt. Wir entdeckten einen entzückenden kleinen Geschenkeladen und gediegene friesische Gaststuben, besuchten den Grabstein von Lale Andersen, liehen uns drollig-bunte Drahtesel mit nostalgischen Rahmen und radelten hinunter zum Hafen. Das Glück schien endlos auf diesem begrenzten Flecken Erde, und Isabel hatte wirklich dringend eine Pause von ihrem aufreibenden Alltag am Landgericht nötig. Vor gut 30 Jahren war sie schon mit ihren Eltern nach Langeoog gefahren und auf die Erinnerung folgte erneut die Sehnsucht. Aber hätte ich mir träumen lassen, dass gerade hier und gerade jetzt meine größte Befürchtung Realität werden würde – im Meer all dieser Alltagsflüchtlinge?

Am frühen Nachmittag des vierten Tages jedenfalls waren wir gleich nach dem Mittagessen das kurze Stück der Hauptstraße hinaufgelaufen; am Wasserturm vorbei und über den Westerpad zum Nichtraucherstrand. Die Möwen erwiesen sich als gefräßiger denn je und ein ums andere Mal attackierten sie die Urlauber regelrecht, wenn diese mit Eistüten und anderen Speisen an den Badestrand kamen. Gewitterwolken blühten am fernen Himmel und Isabel reagierte genervt, als sie wenig später entdeckte, dass die Sonnencreme mit dem extra hohen

Lichtschutzfaktor in unserem Strandkorb fehlte. Ich zögerte keine Sekunde, um der angespannten Atmosphäre noch einmal für kurze Zeit zu entfliehen, und bot mich an, schnurstracks zum Hotel zurückzulaufen.

In der mit hellen Möbeln und dunklen Hölzern gestalteten Lobby hatte ich den Rezeptionstresen kaum passiert, als mir der Ruf der herzlichen Empfangsdame hinterhereilte. Die Nachricht, die mir Frau Hannemann dann überreichte, riss vermutlich im Nu alle Farbe aus meinem Gesicht. Jedenfalls erinnere ich mich an ihren bekümmerten Blick. Ich konnte kaum glauben, was dort – in ihrer unverwechselbaren Schrift – geschrieben stand: „Drei Tage hat es mich gekostet, herauszufinden, unter welchem Namen Du jetzt logierst!"

Das Ausrufungszeichen leuchtete wie eine Anklage in meinen Augen. Ich befürchtete das Schlimmste, auch wenn ich in Wirklichkeit nie ein Verbrechen begangen habe. Ich habe mich nur verstellt und aus dem Staub gemacht, wenn eine Rolle aufzufliegen drohte. Bald verjährt scheinen all diese Eskapaden. Mein Gott, für wen man mich nicht alles gehalten hat! Gottfried Keller hatte wirklich recht: „Kleider machen Leute" – und dazu natürlich die entsprechenden Papiere. Die Menschen sind so gutgläubig – auch zwei Jahrhunderte später noch. „Wir sollten das Budget erhöhen, nicht wahr, werter Herr Studienassessor Waldgraf?" „Sehr sinnvoll übrigens, hier ein Antidepressivum zu verordnen, Herr Dr. Bartholomä." „… und Ihnen als anerkanntem Psychiater, Herr Prof. Weißmann, gilt mein ganzes Vertrauen!" Ich hatte überall in der Republik ein Leben aus Anmaßung und Selbstgefälligkeit geführt – und die Früchte der Annehmlichkeiten genossen. Doch die Furcht vor Entdeckung wurde immer erdrückender. Dabei wollte ich in meinem tiefsten Inneren doch nichts anderes als Beständigkeit und ehrliche Anerkennung.

Irgendwann wagte ich den Absprung. In eine ferne Kleinstadt, mit einer neuen Biografie und ohne lästige Fragen nach meinem Startkapital. Von heute auf morgen wurde ich – dank meiner Elektroniker-Lehre und meines verkorksten Fernstudiums in Psychologie und Literatur – zu einem grundsoliden IT-Unternehmer mit bildungsbürgerlichen Interessen! Sie jedoch, meine einzige Mitwisserin, musste zurückbleiben. Außerdem schreckte mich die Gefahr, durch einen zufälligen Schnappschuss oder anderweitigen Datenmüll im ständig wachsenden Internet schließlich doch noch aufzufliegen. Wir hatten in all den Jahren so professionell und sauber gearbeitet, dass nie das Auge der Justiz auf uns gefallen war. Da bescherte mir ausgerechnet das defekte Netzwerk des Lüneburger Landgerichts eine erste Notfallreparatur. Die landeseigenen Computer-Experten waren anderweitig verpflichtet und bevor ich mich versah, wurde ich in das Büro einer Frau geführt, die wie eine Insel in meinem Leben auftauchte. Jener Frau, der fortan all meine Aufmerksamkeit gehörte und die jetzt sehnsüchtig am Strand auf mich und ihre Sonnenlotion wartete.

Ich steckte die Nachricht ein und bestieg den Fahrstuhl. Doch zurückgekehrt auf den Fußweg zum Strand, bemerkte ich, wie meine Schritte schwerer und der Weg länger geworden waren. Wodurch hatte sie mich überhaupt wiedererkannt und was würde als Nächstes geschehen? Ich war absolut in der Defensive. Ich kannte zwar die Absenderin, aber nicht ihren Aufenthaltsort, wenngleich sie wie ich zufällig auf dieser Insel abgestiegen sein musste. Der Brief trug keine Marke und war wohl persönlich abgegeben worden. Wie sollte ich antworten?

Ich schlief schlecht in der kommenden Nacht und nicht ohne Grund, wie ich am nächsten Morgen im großen Frühstücksraum erfahren sollte. Isabel war zum Glück noch im Bad, als ich schon einen der begehrten Fensterplätze belegte. Aber ich saß kaum zwei Minuten, als mir der Restaurant-Manager, der eben noch das Müslibuffet versorgt hatte, zwanglos eine weitere Nachricht überreichte. „Weißt Du eigentlich, wie ich die letzten Jahre ohne Dich verbracht habe?", fragten mich nur Momente später aufgeregt hingeworfene Buchstaben. Und als Isabel dann erschien, konnte ich kaum einen Bissen hinunterbringen. Zweimal noch musste ich zum Getränkebuffet, mein Hals schien wie ausgedorrt. Das Schlimmste war nicht die Rückkehr meiner Vergangenheit, sondern die Ungewissheit ihrer Forderungen. Ich fragte mich, wie lange Isabel nichts mitbekommen würde. Sie musste doch meine vergessen geglaubte Nervosität spüren. Ich hatte Mühe, mich zusammenzureißen und noch jene Heiterkeit auszustrahlen, mit der ich vor fünf Tagen zum Anleger gefahren war.

Draußen regnete es wie angekündigt und wir beschlossen, das Schifffahrtsmuseum im Haus der Insel zu besuchen. Isabel machte sich noch kurz frisch, während ich die Inselkarte studierte. Ich dachte, mich trifft der Schlag, als unmittelbar neben dem Bad ein Zettel unter der Zimmertür hindurchgeschoben wurde. Jetzt musste ich alles riskieren! Ich griff nach dem Blatt und riss schon die Zimmertür auf. Auf dem Flur drehte mir nur ein Zimmermädchen mit einem unhandlichen Reinigungswagen den Rücken zu, ansonsten herrschte Stille. Der Fahrstuhl jedoch rauschte gerade zum Erdgeschoss und ich stürzte die Treppe hinunter, die seinen Schacht umschloss. Unten angekommen, öffnete sich gerade die Lifttür und die Senioren, die mir jetzt entgegenblickten, reagierten deutlich irritiert auf meinen gehetzten und herausfordernden Gesichtsausdruck. Verflucht, ich musste sie loswerden, ein für alle Mal! Am besten so elegant, wie wir zusammen immer vorgegangen waren. Ohne eine greifbare Spur zu hinterlassen!

Ich enterte den freigewordenen Lift und las noch während der Fahrt nach oben die neue Botschaft. „Du wirst die letzten Jahre wiedergutmachen!“, lautete ihre Forderung. Ich versprach es ihr im Stillen, aber anders, als sie es vermutlich erwartete. Das Zimmermädchen war fort und ich fragte mich nur Sekunden später, wie sie mich mit dem alten Trick nur so hatte hereinlegen können. Mit einem ungewollten Lachen schloss ich wieder die Suite auf und kam gerade noch am Badezimmer vorbei, als Isabel schon heraustrat und freudestrahlend verkündete, auch Langeoog im Regen könne unserer Erholung nichts anhaben. Ihre Unbekümmertheit drückte aufs Gemüt – wenn sie nur gewusst hätte!

Am frühen Abend beim Italiener gab ich vor, mein Geld im Hotelzimmer vergessen zu haben, um die nächste Botschaft abfangen zu können. Und wirklich lag ein neuer Zettel in unserer Suite. Das Hotel war ein offenes Haus. Wer mochte also die Botin bewusst wahrgenommen haben? Wäre ich alleine gewesen, hätte ich ihr eine Falle gestellt. Aber wie sollte das gehen mit Isabel im Schlepptau?

„Langeoog“ lautete die kurze Nachricht auf dem Zettel und ich begriff nach einigem Überlegen, dass sie jetzt eine Schnitzeljagd daraus machen wollte, um mich noch mehr zu demütigen. Am nächsten Morgen musste ich deshalb eine Joggingrunde einlegen, um zu dem ehemaligen Seenot-Rettungsboot, nämlich der „Langeoog“, zu gelangen. Von dort aus wurde ich durch ein weiteres Stichwort zum „Hospizplatz“ beordert, danach zum „Seemannshus“ und so weiter. Ich fühlte mich regelrecht vorgeführt, und so ging es mir noch zwei weitere Tage. Da traf es sich gut, dass Isabel inzwischen nicht nur ihr

Bedürfnis nach Schönheitspflege zu Wellness-Behandlungen anregte. Ich unterstützte auch ihren Wunsch, ihre kreativen Talente wieder zu pflegen und sich für einen Intensivkurs beim Inselmaler Prester anzumelden. Das verschaffte mir die nötige Handlungsfreiheit.

Die letzte Botschaft hatte mich zum orginalgetreuen Nachbau der Insel aus Legosteinen geführt. Und als ich dort, in einem kleinen Saal des Inselhauses, schon verzweifeln wollte an der Kleinteiligkeit der Farben und Formen, entdeckte ich am Nachbau des Inselwahrzeichens endlich einen weiteren Hinweis. Ein kleiner Aufkleber am Lego-Wasserturm verriet in ihrer Handschrift „1930“. Damit konnte wohl kaum sein Baujahr gemeint sein. „1930“ meinte also die Uhrzeit und das unvermeidliche Zusammentreffen lag nur noch einen halben Tag entfernt!

Zunächst blieben mir noch knapp anderthalb Stunden. Ich hatte Isabel ja gerade erst zum Malatelier begleitet. Ich rannte mehr als dass ich lief, um keine Minute zu verlieren. Am Ende der Barkhausenstraße bog ich nach rechts ab und hastete an kleinen Boutiquen und der Insel-Buchhandlung vorbei. Schließlich gelangte ich über den Fuß- und Treppenweg auf die Aussichtsterrasse des 18 Meter hohen, ehemaligen Wasserturms. Um 19.30 Uhr würde der achteckige Bau sicher nicht mehr geöffnet haben und auch eine Fülle an Besuchern war nicht mehr zu erwarten. Dennoch konnte es an so exponierter Stelle immer unwillkommene Zeugen geben, was sie zu ihrer eigenen Sicherheit zweifellos mitbedacht hatte.

Meine Chance bestand darin, den Ort genau zu studieren und alle Eventualitäten durchzuspielen. Außerdem durfte ich nicht aus meiner Rolle des unbedarften Touristen fallen. Schließlich wusste ich ja nicht, ob sie mich nicht gerade jetzt durch einen Feldstecher beobachtete.

Das dunkelgrüne Stahlgeländer am Fuße des Turms jedenfalls machte einen äußerst stabilen Eindruck. An die Streben einer kleinen vorgelagerten Aussichtsplattform hatten verliebte Pärchen Sicherheitsschlösser geeist. Solche Liebesschlösser hatte ich zuletzt im Vorbeifahren an der Hohenzollernbrücke in Köln gesehen. Der Turm selbst ruhte immerhin auf zehn Meter hohen Kaapdünen und gegen halb acht war nicht mehr die klarste Sicht zu erwarten – nicht an einem so bewölkten Tag wie diesem. Aus diesen und anderen Gegebenheiten galt es anschließend den perfekten Plan und plausible Erklärungen zu entwickeln: für Isabel, für die Briefschreiberin, für mögliche Zeugen und für die Polizei, falls ich am Ende sogar selbst als Zeuge verhört werden sollte. Denn jedes Detail musste sich überzeugend begründen lassen. Der mögliche Tathergang nahm in meinem Kopf bald Konturen an, und es fehlten mir noch drei Dinge, die ich in der nahegelegenen Apotheke, im Supermarkt und einer Pizzeria sicherlich bekommen würde. Also besorgte ich ein Schlafmittel und ein Sicherheitsschloss. Eine schmackhafte Pizza wollte ich noch auf dem Weg zu meiner Verabredung kaufen.

Vier Stunden später stand er wieder vor meinen Augen. Der massige weiße Turm mit dem blau-rot-weißen Segler-Wappen der Insel. Die Uhr zeigte 19.23 Uhr, als ich die Treppe erneut emporstieg. Auf der Aussichtsplattform angekommen, ging ich rasch in die Hocke, griff in die Jackentasche und kramte das vorbereitete Sicherheitsschloss mit den Namen „Clemens und Isabel“ hervor. In Sekundenschnelle krallte ich es um eine der Geländerstangen. Als Nächstes öffnete ich den kleinen Pizzakarton und schaute erwartungsfroh in den Himmel. Da hörte ich auch schon ihre Stimme in meinem Rücken.

„Damit wirst du mich diesmal nicht abspeisen, Clemens … oder wie du dich heute nennst! Die dumme Gans an der Hotelrezeption wollte es mir ja nicht verraten“, sagte sie mit heiserer Stimme.

„Ach Carla, da bist du ja endlich, wie schön!“, entgegnete ich aufgesetzt freundlich. „Ich dachte mir, ich bringe uns einen kleinen Snack mit, hast du Appetit?“ Und im Herumdrehen erkannte ich neben ihr, dass ein älteres Ehepaar, die einzigen Anwesenden auf der Plattform, im Begriff war, zu gehen.

„Spar dir deine verdammte Maskerade, du Falschspieler!“, schnaubte sie verächtlich.

Dennoch war es fast wie eine Choreographie, die sich in den nächsten Minuten vollzog. Während sie mich mit ihren Vorwürfen und Forderungen nach meinem plötzlichen Verschwinden vor viereinhalb Jahren überschüttete, kam es mir nur darauf an, sie mit dem Rücken an die Balustrade zu führen. Außerdem hatte ich mich nicht geirrt, was ihren abendlichen Heißhunger betraf. Dennoch fingerte sie zunächst nur zögerlich an den geschnittenen Pizzastücken, während sich aus der Luft weit gefräßigere Interessenten näherten. Eine geniale Idee, die Räuber der Lüfte als Komplizen zu nutzen, um die Komplizin von einst mundtot zu machen …

*

Ein Geräusch reißt mich plötzlich aus meinem Gedankenfilm. Noch immer liege ich in meinem Krankenbett. Es hat wohl an der Zimmertür geklopft. Jetzt steckt jedenfalls ein Polizist seinen Kopf ins Zimmer! Ich muss mich konzentrieren und das Richtige sagen …

Eine halbe Stunde später: die Befragung ist überstanden und alles ist perfekt gelaufen! Der Gesetzeshüter hat mir alles abgekauft! Dass ich gestern Abend meine Frau im Hotel zurückgelassen habe, weil ich als Überraschung ein Liebesschloss am Gitter des Wasserturms anbringen wollte – denn übermorgen ist unser Hochzeitstag. Dass dabei eine Touristin auftauchte, mir ein Stück von ihrer Pizza anbot und dass plötzlich Schwärme von Möwen über unseren Köpfen auftauchten. Dass sie immer aggressiver wurden, als wir die begehrte Beute lieber für uns behalten wollten. Und schließlich, dass die Touristin aufgrund dieser Angriffe rücklings in die Tiefe stürzte. Dummerweise hielt ich dabei jedoch gerade die Pappschachtel in Händen und konnte nicht reagieren, als sie nach meiner Jacke griff und mich mit in die Tiefe riss. Das hätten auch Passanten auf dem Westerpad ähnlich geschildert. Niemand hat bemerkt, dass ich in Wahrheit etwas nachgeholfen und sie übers Geländer gedrückt hatte. Mit ihren geliebten Keilabsätzen maß sie bestimmt über 1,80. Ansonsten wäre sie bei der Höhe des Geländers sicher nicht gefallen. Aber gute Vorbereitung ist eben das halbe Gelingen!

„Zweifellos ein Unglücksfall!", hat der Beamte resümiert – zufrieden, den Fall schnell abwickeln zu können. Bedauerlich nur, dass die nette Touristin nun nicht mehr lebe: Genickbruch. Wenigstens habe sie nicht leiden müssen. Von den viereinhalb Jahren des Leidens zuvor kein Wort. Und auch nicht davon, dass sie mir am Wasserturm fast hysterisch ihre Liebe erklärt hat. Womit sie meine verzweifelte Wut und Abneigung nur umso mehr anstachelte. Warum hätte sie, meine ehemalige Chefarztsekretärin, sonst wohl alles stehen und liegen lassen und wäre diesem „Dr. Bartholomä" gefolgt, der bald in einer anderen Stadt und unter einem anderen Namen praktizieren würde? Warum sollte sie, als meine Komplizin und fehlerlose Organisatorin, mir schließlich alle Schwierigkeiten vom Hals gehalten haben, wenn nicht aus Liebe, hatte Carla wissen wollen. Aber mehr noch als meine Zuneigung wollte sie jetzt schließlich auch mein Vermögen. Aber das ist jetzt alles Vergangenheit …

Schon wieder ein Geräusch! Es klopft erneut an der Tür. Wie schön! Diesmal ist es Isabel. Meine geliebte Richterin! Ihr Blick jedoch irritiert mich. Es liegt eine Mischung aus Sorge und fragendem Entsetzen darin. Als ich ihr erzähle, dass es nur eine leichte Gehirnerschütterung ist und dass alles mit der kleinen Überraschung zu tun hat, wegen der ich ja gestern Abend noch einmal das Hotel verlassen habe, bleibt sie überraschend kühl und sagt kein Wort. Ob sie herausgefunden hat, warum sie nach dem Abendessen plötzlich so müde geworden ist? So müde, dass sie sich kurz hinlegen wollte und es ihr gar nichts ausmachte, dass ich noch einmal nach draußen wollte. Wegen unseres Hochzeitstages und der kleinen Überraschung am Turmgitter? Ganz zu schweigen von dem eleganten Ring, der seit unserer Abfahrt in meinem Koffer schlummert! Und für das Schlafmittel-Röhrchen habe ich gestern Abend in meinem Kulturbeutel doch auch noch ein einfaches Versteck gefunden.

„Der Inselpolizist hat mir auf dem Flur dein Smart Phone überreicht", bricht Isabel das Schweigen und ich lausche alarmiert. „Du hättest es wohl beim Sturz aus deiner Jacke verloren, Clemens! Als er hier gerade ins Zimmer ist, um dich zu befragen, bemerkte ich, dass es gar nicht dein Handy ist und dass es auf Standby geblieben war. Ich hatte keine Mühe, es zu entriegeln."

Sie hält mir das Display eines fremden Gerätes direkt vor die Nase.

Herausfordernd fragt sie: „Erkennst du das Tonband-Symbol? Das gehört zur letzten Anwendung. Ich habe die Aufnahme gestoppt und die Tonspur von vorne gestartet. Ab 19.28 Uhr hat sie alles aufgenommen. Nach drei Minuten hörte ich dann ihren ersten Satz und plötzlich", sie stockt, „deine Stimme …!"

Wasserturm Langeoog
Landkreis Wittmund

Seine Architektur ist markant und macht ihn zum Wahrzeichen: der Langeooger Wasserturm. Weil sich die insulare Wasserver- und -entsorgung Langeoogs Anfang des 20. Jahrhunderts als unzulänglich erwies, beauftragte der Gemeinderat der Insel 1908 die „Berlin-Anhaltische Maschinenbau Actien-Gesellschaft“ mit einem grundlegenden Neubau. Die Errichtung von vier Brunnen, eines Wasserwerks und eines Wasserturms zur Erzeugung des benötigten Wasserdrucks sowie der Bau einer Kanalisation stellte

Der Wasserturm ist aufgrund seiner exponierten Lage weithin zu sehen. Nicht weit davon entfernt: die Bronzefigur der bekannten Sängerin Lale Andersen, die einige Jahre auf der Insel lebte.

die Inselgemeinde vor erhebliche Kosten, die man durch die Kurtaxe abzufangen versuchte, die 1906 eingeführt worden war. Nach dem Abriss des Westkaaps, einer hölzernen Bake, die als Seezeichen diente, begann man sogleich an dieser Stelle am 16. Februar 1909 mit dem Bau des Wasserturms.

Die Aussichtsplattform des 18 Meter hohen Gebäudes, dessen Grundriss durchgängig achteckig ist, befindet sich auf einer Höhe von 23 Metern über Normalnull. Jenes Geschoss, das den Wassertank mit einem maximalen Fassungs-

Weiß leuchtet das Wahrzeichen auf den Kaap-Dünen im Nordwesten der Insel. Eine Turmbesteigung ist in der Saison möglich.

vermögen von etwa 100 Kubikmeter beherbergt, ragt deutlich über die Ausmaße des Fundaments hinaus und prägt so die Optik des Turms. Ganz oben befindet sich noch eine kleine und begehbare Dachlaterne mit Fenstern, die eine schöne Aussicht bieten. Der Wasserturm, über dessen Portal das Inselwappen prangt, hat keine Einrichtung zur Befeuerung für die Schifffahrt und ist auch nicht das höchste Gebäude der Insel, doch seine exponierte Dünen-Lage und seine Bauweise ließen ihn bei Tageslicht zu einem weithin sichtbaren Seezeichen werden.

Ende der 1980er Jahre wurde der Bau aufgrund eines neuen Pumpensystems mit variabler druckgeregelter Drehzahl außer Betrieb genommen. Der Turm, der eine Ausstellung zur Historie der Langeooger Wasserversorgung beherbergt, kann besichtigt werden.

Westturm Wangerooge

Silke Arends

Elmsfeuer

Das Himmelsschauspiel brannte in seinem Gedächtnis. Blau-violette Flammen eines Elmsfeuers hatten sich um Mitternacht um die Spitze des Westturms gewunden, hatten sich jäh an dem von der Sommersonne erhitzten Metall entladen. Wie aus dem Nichts hatte das dräuende Gewitter seine Kraft in einer seltenen Erscheinung Licht werden lassen, in einem Phänomen, das Seeleute einst das Fürchten lehrte. Ein Schiff, an dessen Masten ein Elmsfeuer herniederfahre, so ihr seemännischer Aberglaube, war dem baldigen Untergang geweiht und so erhofften sie sich göttliche Gnade, indem sie ihrem Schutzpatron, dem heiligen Erasmus, beklommene Gebete in den erzürnten Himmel sandten.

Es war einer seiner ersten Wege auf der Insel gewesen, der ihn zum Westturm geführt hatte. Jenem Turm, der ehedem einer Organisation geweiht worden war, deren Namensgeber er sich nennen durfte. Das mitternächtliche Elmsfeuer war den Leuten im Ort offenbar entgangen. Er hörte tags darauf niemanden davon sprechen – und so sollte es auch bleiben. Er war erst seit wenigen Wochen auf der Insel und weit davon entfernt, sich heimisch zu fühlen. Auch dabei blieb es. So wie es ihm gleichgültig war, ob die Insulaner wussten, wer er war und woher er kam. Er genoss es, trotz seiner ausgesuchten Höflichkeit, jenen Abstand zu wahren, den er selbst mit „hoher Gesinnung" umschrieb. Seine Hoffart manifestierte sich in einem exakten Oberlippenbart und akkurater Kleidung, wurde geradezu vehement augenfällig in der Art, wie er ging und wie er sein Gegenüber zu taxieren pflegte. Seine Schüler sahen in ihm den Sonderling, den Verfechter einer Zeit, über die ihre Väter allein im Halbdunkel von Stammtischen schwadronierten; in jenen Gesellschaften, in denen sich im wabernden Zigarrenrauch auch das Wissen um den Wahnsinn jüngster deutscher Weltanschauung verlor.

Wieland war im Winter 1961 in das Inselinternat von Wangerooge gekommen. Seine Mutter hatte oft von einem einst auf See verschollenen Vorfahren erzählt, von dem es hieß, er sei an der Küste bei Wangerooge zu Hause gewesen, und so war die Insel im Sommer 1950 zum ersten und fortan einzigen Reiseziel der Familie geworden. Obwohl das im April 1945 zur Festung erklärte Eiland in den letzten Kriegstagen bei einem alliierten Luftangriff schwer bombardiert worden war, hatte sich der Fremdenverkehr in den Jahren danach recht bald erholt. Die meisten Häuser waren Ende der 1940er-Jahre repariert, die Bunker vom Sand eingenommen worden. Wielands Familie kam bescheiden unter, Wieland und seine Schwester bauten Burgen am Strand, die Eltern spazierten im flachen Wasser, an jedem zweiten Nachmittag gab es Kaffee und heiße Schokolade im „Café Pudding" an der Promenade. So verhielt es sich jeden Juli für zwei Wochen.

Bis zu jenem Sommer 1962. Wieland verbrachte seine Internatsferien nicht zu Hause. Er bezog in der Jugendherberge im Westturm als Aushilfe ein Zimmer im obersten der sieben Stockwerke; eine ebenso karge wie beengte Kemenate mit Bett, Tisch, Stuhl und fulminantem Panorama. Bereits am ersten Abend, als die anderen jungen Leute in den Dünen lagen und lachten, zog es ihn in das Turmzimmer. Das Holz der Stufen, die unter seinen bloßen Füßen knarrten, verströmte eine Wärme, die in diesem Backsteinbollwerk sonderbar anmutete. Die Weite, die der Himmel oben bot, war das Faszinierendste, was Wieland je gesehen hatte. Die Wolken folgten der Willkür des Windes. Er war es, der von jeher das Luftmeer beherrschte und ihm jenes sagenhafte Gepräge verlieh, was Wagner in seinem „Fliegenden Holländer" unsterblich machen wollte. So wie das Meer, das seit Ewigkeiten ein- und ausatmete; so wie die Sonne, die den Horizont seit Milliarden Jahren als abendliche Leinwand für ihren roten Abschied nutzte.

Bis zum Jüngsten Gericht, so sagt die Legende über den „Fliegenden Holländer", soll der verfluchte Fahrensmann auf seinem höllenschwarzen Gespensterschiff mit seiner untoten Mannschaft über die Weltmeere segeln oder schweben, in ihren unwägbaren Fluten auf- und wieder untertauchen – mit blutroten und von Elmsfeuern umtanzten Segeln.

Wieland war auf den Tag genau 100 Jahre nach der Uraufführung der gleichnamigen Wagner'schen Oper geboren; an jenem 2. Januar 1943 hatte ein Sturm getobt – am Himmel und am Boden. Der Sturm über Deutschland legte sich 28 Monate später und Wielands Vater entkam. Aber der Musiker sollte den Wind nicht mehr hören. Sein Gehör hatte er im Artilleriesturm verloren.

Schon Jahre zuvor hatte der leidenschaftliche Oboist, der jede freie Stunde mit dem Komponieren verbracht hatte, ein Berufsverbot hinnehmen müssen. Die Obrigkeit, in Person des Generalintendanten des Deutschen Nationaltheaters in Weimar, hatte den hochgewachsenen Mann geradezu umgarnt, hatte ihm förmlich gehuldigt und ihn bei jeder sich bietenden Gelegenheit schwärmerisch „virtuos, nein, brillant!" genannt.

Bis zu jenem Abend, an dem die Ränge des Theaters wieder einmal gefüllt gewesen waren und der Beifall dort, wo der Führer eine Loge hatte, besonders aufgebrandet war. Der Staatsrat hatte seine Anerkennung für das Solo seines Ersten Oboisten im Anschluss in warme Worte gekleidet. Seine champagnerselige Verzückung hatte zugleich Ausdruck in seiner festen Hand gefunden, die fordernd dessen Gesäß gepackt hatte. Brüsk hatte Wielands Vater diese begehrliche Zudringlichkeit von sich gewiesen. Keiner hatte diesen Vorfall bemerkt und Wielands Vater sollte auch nie ein Wort darüber verlieren. Tags darauf war ihm die Anstellung im Orchester gekündigt worden. Auch hatten sich seine Werke auf jener Liste der „Entarteten Musik“ wiedergefunden, in welcher der Staatsrat 1938 den undeutschen Geist anprangerte und deren Schöpfern jegliche Wertigkeit absprach.

Der Kränkung des Intendanten, der sich gerne als Duz-Freund des Führers vorstellte, war es geschuldet, dass Wielands Vater bei Kriegsausbruch einer der ersten war, die zu den Waffen gerufen wurden. So hatte er nicht die ersten Schreie seiner Tochter gehört, die im Frühjahr 1940 das Licht der Welt erblickt hatte. Und auch die ersten Laute seines Sohnes sollte er nicht wahrnehmen können, in jener stürmischen Januarnacht 1943 – vier Wochen nach seiner Rückkehr von der Ostfront, wo eine Explosion ihn hatte taub werden lassen; mit einem Wimpernschlag, so wie ein Windhauch ein Feuer entfachen konnte.

Wielands Vater hatte seine kleine Tochter fest auf dem Schoß gehalten, als seine Frau im Luftschutzkeller ihr zweites Kind gebären sollte. Niedergekommen waren auch die Bomben. Sie hatten die Luft in jenen Stunden mit unbändigem Heulen erfüllt. Wielands Vater verspürte allein die Schwingungen des bebenden Bodens, während das alte Ehepaar neben ihm ob des infernalischen Lärms über der Stadt die Hände an die Ohren presste. Dann war das einzige Licht an der Betondecke ausgegangen und Wieland hatte seinen ersten Schrei getan.

Es gab für Wieland zunächst keine Wiege, in die man seine Liebe zur Musik hätte legen können. Zwar verschrieb sich sein tauber Vater auch nach dem Krieg der Musik, allerdings allein ihrer Theorie, die er als Autor von Schulbüchern zu Papier brachte. Die Liste von 1938, die ihm Jahre zuvor sein Schicksal vorgezeichnet hatte, hatte dem Familienvater – ihrem eigentlichen Zweck entfremdet – zu einer neuen Aufgabe verholfen. Seine Vita war unbelastet. Belastet jedoch war der Alltag in der Familie. In den ersten Jahren seiner Kriegsversehrtheit, die ihm als Musiker die Berufung entzogen hatte, zu spielen, zu komponieren und vor allem zu hören, stürzte sich Wielands Vater in seine Archivarbeit. Dieser Fundus war ihm Zuflucht und Zuversicht zugleich, denn er erschien ihm als einzige Möglichkeit, seinen Kindern die Welt der Musik zu eröffnen.

Wieland erfuhr im Arbeitszimmer seines Vaters von Komponisten und deren Werken, von Symphonien und Opern und deren Bedeutungen in der Zeit. Er las von herausragenden Musikern, von Sängern und Sängerinnen, von Uraufführungen, von Ehrungen und Schmähungen. Und er entwickelte eine Sehnsucht, das, was er gelesen hatte, auch hören zu wollen. Wie musste es sein, wie ein Märchenkönig zu leben und einen Komponisten an seiner Seite zu wissen, der einem die Musik in die Seele schrieb. Als Wieland zum ersten Mal eine Ouvertüre dieses Komponisten hörte, war er zwölf Jahre alt und ein stiller Bewunderer seiner Lehrerin, weil sie neben Kunst mit Inbrunst Musik unterrichtete.

Eines Tages hatte sie den „Fliegenden Holländer“ ausgesucht. Wieland hatte an jenem Morgen in Trance verfolgt, wie die Nadel des Plattenspielers über die Schallplatte gewandert war und hatte die Klänge, die sie hervorrief, wie einen Zauber in sich aufgenommen. Von einem Schiff und seinem verfluchten Kapitän hatte die Lehrerin erzählt, von Wind, ja von einem fortwährenden Sturm und einem ewig brausenden Meer. Dieses Geräusch kannte Wieland wie im Schlaf, denn es hatte ihn oft dorthin begleitet – dann, wenn er in seinem Bett unter dem Dach der kleinen Inselpension gelegen hatte und im Nebenzimmer die Eltern flüstern hörte.

Wielands erster Begegnung mit der Musik Wagners folgten mit den Jahren viele andere. Doch nirgendwo war er ihr so nah wie in jenen Sommertagen, die er am Strand von Wangerooge verbrachte und dabei darin verfiel, den Horizont zu fixieren. Während sich die Klänge des „Fliegenden Holländers" aus der Erinnerung in seinem Kopf verdichteten, erhoffte sich seine Phantasie, dass endlich jenes Schiff auftauchen würde. Jene mystische Brigg, von der es hieß, dass sie nur alle sieben, zehn oder gar hundert Jahre erscheinen würde.

So sehr der heranwachsende Wieland der Musik und den schönen Dingen frönte, so wenig konnte er der Schule insgesamt und insbesondere den Naturwissenschaften etwas abgewinnen. Zwei Mal hatte er seine Versetzung ignoriert. Ein Internat stand zu befürchten. Einem ersten Schrecken folgte die Fügung, denn seine Mutter wählte das Inselgymnasium Wangerooge – dort, wo sie ihre Wurzeln wähnte, wo sich doch einst einer ihrer Vorfahren als Seefahrer verdingt hatte. Überdies konnte man die Fortschritte des Sohnes verfolgen, während man sich zugleich an der Nordsee erholte.

Erstmals kam Wieland so an einem Wintertag auf die Insel; die Bahn fuhr erst spätabends in den kleinen Bahnhof ein, denn der Ostwind hatte das Wasser aus der Fahrrinne gedrückt und die Fähre hatte sich schwergetan, das Wattenmeer zu überqueren. Ein Fünf-Bett-Zimmer war nun sein Zuhause, ein weißlackiertes Metallbett seine Schlafstatt. Ein Stuhl, ein Spind und ein kleiner Tisch boten dem 18-Jährigen den Anschein, dass es sich hierbei um sein persönliches Refugium handelte.

Seine Mitbewohner lernten ihn rasch als umgänglich kennen, alsbald erlebten sie auch seinen Hang zur Egozentrik. Tagträumend verwirklichte er seine Affinität zur klassischen Musik, die darin Ausdruck fand, dass er unentwegt ein unsichtbares Orchester dirigierte oder als eines seiner Musiker an imaginären Aufführungen teilnahm. Dieses Gebaren sollte ihm schon nach wenigen Tagen die Aufmerksamkeit jenes Mannes bringen, der sich eben für dieses Genre an der Schule zuständig, ja berufen fühlte. Der in die Jahre gekommene Lehrer für Englisch und Deutsch hatte schon manchen Internatszögling für sein Theaterfach zu begeistern versucht.

Noch in der ersten Woche rief er Wieland zu sich in seine Dienstwohnung; eine Wohnung, die aus einem einzigen Zimmer bestand. Der Raum wurde beherrscht von großen, schweren Möbeln, die auf eine Zeit hindeuteten, in der ihr Besitzer offenkundig herrschaftlicher gewohnt, wenn nicht gar residiert hatte. Im Jahr zuvor hätte man „Wilhelm Tell" gegeben, eine Hommage an den großen Dichter und ein Selbstverständnis für ihn, wo er doch Präsident der deutschen Schillerstiftung gewesen sei, dozierte der Hauslehrer beinahe staatstragend.

Zur Abschlussfeier vor den Sommerferien stehe „Der Raub der Sabinerinnen" auf dem Spielplan und er, Wieland, solle darin die Rolle eines Spaßmachers übernehmen. Eine erste Rolle für einen Novizen, von dessen Fähigkeiten er sich noch überzeugen müsse. Er selbst agiere in der Hauptrolle und er, Wieland, hätte einen Part zu übernehmen, der ausschließlich der Belustigung des Publikums diene, sagte der Mann im gebügelten Anzug und tätschelte Wieland die Wange. Als Wieland schon an der Tür war, spürte er plötzlich den heißen Atem des Lehrers in seinem Nacken. Er werde sich für sein Fortkommen im Internat, für seine „Fortune" einsetzen, wenn er mit einer Gegenleistung rechnen dürfe, sagte dieser kaum hörbar.

Wielands Eltern reisten am Tag der Aufführung an. Sie logierten wie in den Jahren zuvor in der kleinen Pension in der Nähe des Rosengartens. Ein reger Briefverkehr – zumindest von ihrer Seite – war der Freude auf das Wiedersehen vorausgegangen. Ebenso eine unverhohlene Neugierde auf die

Entwicklung des Sohnes, der den Sommer über auf der Insel bleiben würde. Er würde sich als Aushilfe in der Jugendherberge ein Taschengeld verdienen. Noch am Abend nach der Aufführung würde Wieland für einige Wochen ein Zimmer im obersten Stockwerk des Westturms beziehen – für ihn ein Luftschloss, von dem er schon als kleiner Junge geträumt hatte. Wieland traf seine Eltern nachmittags im „Café Pudding". Wie in allen gemeinsamen Sommerferien saß er mit ihnen am gewohnten Tisch am Fenster und trank eine heiße Schokolade – wenngleich er im Internat im Verborgenen andere Trinkgewohnheiten kennengelernt hatte. Er konnte seinen Eltern glaubhaft machen, dass er das Schuljahr erfolgreich beenden würde – sein Vater las es von seinen Lippen, das Lächeln seiner Mutter tat ein Übriges.

Die Aula war am Abend bis auf den letzten Platz besetzt. Der Hauslehrer übernahm im „Raub der Sabinerinnen" die Rolle des Emanuel Striese, eines Schmierentheater-Direktors, der mit seinem Ensemble haderte. Dass er den Direktor mimte, entsprach seiner Biographie. Dass er dabei einen Komödianten inszenierte, entsprang wohl seinem Wunsch, sich ausleben zu wollen. Wielands Vater glaubte den Mann zu kennen, der sich so geckenhaft in Szene setzte, sich in seinem vermeintlichen Vergnügen ereiferte.

Dann sah Wielands Vater seinen Sohn und die aufgerissenen Münder des Publikums. Es lachte. Und lachte. Sein Sohn schwang sich im Kostüm eines römischen Sklaven durch die Sitzreihen und von dort auf die Bühne. Er umschmeichelte den ältlichen Protagonisten, bevor dieser ihn mit einem Klaps auf den Hintern zurück ins Auditorium komplimentierte. Wielands Vater und allen anderen wurde dabei offenkundig, dass der Sklave außer seinem Gewand nichts trug – das Publikum kreischte. Und Wielands Vater erkannte den Mann in der Rolle des Theaterdirektors.

Der nächste Morgen begann schwül, obwohl die Sonne sich noch kaum gezeigt hatte. Der Wetterbericht meldete ein schweres Sommergewitter, das sich im Verlauf des Tages über der Nordsee entladen würde. Wielands Vater beschleunigte seine Schritte. Der Westturm lag noch in einiger Entfernung. Seine Gedanken liefen in die Irre, der Takt seines Herzens überschlug sich. Er hatte allen und allem gegenüber geschwiegen und dann war ihm seine Sprache abhanden gekommen.

Zuerst war ihm sein Stolz genommen worden – in jener Spielstätte, in der so viele Menschen versucht hatten, die Realität zu verdrängen und sich im Rausch der Inszenierungen verloren hatten. Dann war ihm mit einem Schlag sein Gehör genommen worden – auf einem jener Schauplätze, auf denen die Welt blind wütete. Er hatte sich danach in seinem Archiv vergraben und sich selbst keinen Raum mehr zugestanden. Was von seiner Profession, vom Musizieren und Komponieren übrig geblieben war, las sich für ihn als Vermerk seines Namens und Werks auf jener Liste. Einem Index, eines missliebigen Pfands, das ihm im Nachhinein ein Auskommen ermöglicht hatte. Niemand hatte ihn seither nach seiner Geschichte gefragt. Nun war es an ihm, erstmals davon zu erzählen.

Wielands Vater keuchte, er spürte seinen gehetzten Atem, ohne ihn zu hören. Er musste seinen Sohn sehen, bevor es zu spät sein würde. Er würde ihm die Liste zeigen, die er all die Jahre bei sich getragen hatte. Und dann würde er ihm erklären müssen – ohne Worte würde er sein Grauen in geschriebene Sätze fassen müssen. Ein Grauen, das auf der Insel seine Wiederkehr gefunden hatte.

Wielands Vater betrat den Westturm, jenes martialische Bauwerk, das vor nicht einmal 30 Jahren der Hitlerjugend übergeben worden war. Er hastete die Stufen hinauf. Vorbei am Gedenkstein, der sich ehemals über dem Portal des Vorgängerbaus befunden hatte. Er hielt für einen Moment inne. War das eine, gar seine Botschaft, hier im äußersten Westen der Insel? „Laus deo optimo, maximo! Tandem bona causa triumphat! 1597 (Lob sei Gott, dem einzigen und höchsten! Endlich siegt die gute Sache!). Wielands Vater nahm die nächsten Stufen, dann die nächste Etage.

Der Hauslehrer zog die Tür zum Turmzimmer mit einem Ruck hinter sich zu. Drinnen erklang der „Fliegende Holländer", die Nadel des Schallplattenspielers wanderte über das schwarze Vinyl. Am Himmel zogen dunkle Wolken auf. Der Mann mit dem gepflegten Oberlippenbart ging aufrecht die gewundene, hölzerne Treppe hinunter, so als würde er jedem Ton der Wagner'schen Oper ein besonderes Gewicht verleihen wollen. Er durchquerte den Bodenraum und erreichte das Treppenhaus.

Vor ihm stand Wielands Vater. Er erkannte in ihm den Vater jenes Jungen mit den tiefblauen Augen und schweren, dunklen Locken, der sein Schüler war und zugleich der Sohn jenes Oboisten, den er vor Jahren begehrt hatte. So wie er jetzt dessen Sohn begehrte. Der Lehrer, der einen akademischen Titel trug und den deutschen Namen Hans, lächelte sein Gegenüber genüsslich an.

Wielands Vater verlor den Halt und griff nach dem Geländer. Er verfehlte es – in jenem Moment, als Hans an ihm vorüberging. Dieser blickte noch einmal zurück und sah, wie der Kopf von Wielands Vater hart auf dem kalten Backstein des Treppenhauses aufschlug. Oben fand der „Fliegende Holländer", wie es Wagner inszeniert hatte, endlich eine treue Seele und Erlösung durch die Liebe und fuhr geradewegs in den Himmel. Unten fand Wielands Vater einen stillen Tod.

– Alle Personen, außer der des Hauslehrers, sowie die Handlung sind frei erfunden. Dr. Hans Severus Ziegler verließ im Sommer 1962 Wangerooge.

Westturm Wangerooge

Landkreis Friesland

Bereits im 14. Jahrhundert fand sich Wangerooge auf alten Karten als bedeutender Ansteuerungspunkt für Seefahrer. Deshalb ließ der Graf von Oldenburg dort 1597 als nautischen Markierungspunkt den mächtigen Westturm errichten – ein beinahe burgenartig anmutendes Gebäude, das über die Jahrhunderte als das größte auf den Inseln galt. Schon einmal hatte an seiner Stelle ein Bauwerk gestanden: der Nikolaiturm, der mehrfach geplündert worden und 1595 gänzlich eingestürzt war. Der neue Turm wurde zwischen

Sieben Stockwerke hat der 56 Meter hohe Westturm von 1933, dessen Spitzen die Nord-Süd-Richtung anzeigen. Eine halbe Million Steine wurden seinerzeit verbaut, die Kosten betrugen 90000 Reichsmark.

dem 4. Juli 1597 und dem 13. Oktober 1602 fertiggestellt. Er gilt somit als das älteste nachweisbare Leuchtfeuer an der deutschen Nordseeküste. Der Graf von Oldenburg hatte seinem Bau am 21. März 1597 zugestimmt, nachdem er über Jahre von Bremer Kaufleuten dazu gedrängt worden war. Dabei ließ der Graf ausdrücklich verlauten, dass er den Turm „nicht dem allgemeinen schiffahrenden Manne in Bremen, sondern allen Seestädten und Nationen zum Besten" errichten lasse. Am 11. Juli des Jahres legte Berent Cappel-

Das Wappen des Jeverlandes im Treppenaufgang schmückte einst das Portal des Westturms, der von 1602 bis 1914 auf Wangerooge aufragte.

mann, ein Maurermeister aus Bremen, den Grundstein. Das Bauwerk erhielt einen Grundriss von 11,8 mal 9,5 Meter, fünf Stockwerke und eine Höhe von zirka 40 Metern. Den Insulanern war das Gebäude künftig in vielfacher Hinsicht zweckdienlich: Im ersten Stock war eine Kirche eingerichtet, es gab eine Glockenkammer und einen Eiskeller, ein Gefängnis, eine Kaserne sowie Lagerräume für Strandgut. Lange weigerte sich der Graf eine „immer brennende Leuchte zu halten", doch nach zehn Jahren ließ der Landesherr dann doch in der Nordspitze des Turmes eine Leuchte installieren – wieder auf Druck „von vielen vornehmen Kaufleuten". Das Licht aus neun Eisenblech-Rüböllampen, die mit

Kattundochten versehen waren, erstrahlte am 15. März 1624 zum ersten Mal. Allerdings bekam wenige Wochen später der Emder Zimmermann Gerriet Hayns den Auftrag, eine höhere Mittelspitze anzufertigen, da das Licht nur schwach über das Meer und nur in eine Richtung schien. So entstand die Dachform mit den drei Spitzen, die sich bis heute erhalten hat. Das darin befindliche neue Feuer leuchtete nach Berichten von Seeleuten nun „hell wie der Mond" und war in „nördlicher Richtung 40 Kilometer weit zu sehen". Nachdem am 5. September 1630 die Laterne durch ein Feuer zerstört worden war, ließ der Graf zunächst eine Bake mit Kohlenfeuer errichten. Längst war der stattliche Turm aber schon als Landmarke bekannt und erlangte nicht zuletzt geschichtliche Bedeutung, da er dem berühmten Geodäten Carl Friedrich Gauß (1777-1855) bei der Vermessung des Königreichs Hannover 1825 als trigonometrischer Punkt diente. Daran erinnert die Abbildung des Vermessungspunktes „Wangeroog" auf dem früheren 10-DM-Schein – allerdings nur mit Lupe ersichtlich.

Der 24000 Taler teure Turm inmitten des Ortes schien den Insulanern wie für die Ewigkeit gebaut, doch der Blanke Hans sorgte dafür, dass 1855 sämtliche Häuser rund um den Turm fortgespült wurden und da die Insel in den folgenden Jahrzehnten nach Osten wanderte, ragte der Turm schließlich alleine vom Strand auf. Die Fluten setzten ihm weiterhin zu, doch sein Ende kam durch Menschenhand: 1914 wurde das Wahrzeichen gesprengt, denn mit dem Ausbruch des Ersten Weltkrieges wollte man verhindern, dass das Gebäude feindlichen Schiffen den Weg zur nahe gelegenen Marinebasis in Wilhelmshaven wies. Ein Nachfolgebau wurde nach alten Plänen knapp 900 Meter weiter südlich von Mitgliedern des Oldenburger Turnerbundes errichtet und zu Pfingsten 1933 eingeweiht – als Herberge für die Jugend, die sie bis heute ist.

Der „Hooge Toorn", der schon immer zum Selbstbewusstsein der Insulaner gehört, findet sich auch im Wappen von Wangerooge wieder.

Im Turmzimmer treffen sich die Zivildienstleistenden der Jugendherberge ab und zu, um Karten zu spielen. 235 Stufen sind es bis oben.

Die Autoren

Silke Arends ist Redakteurin (Ostfriesland Magazin) und Autorin – zweimal sind die Reportagen der Ostfriesin mit einem Journalistenpreis ausgezeichnet worden. Neben „Ostfrisica“ (Verlag Soltau-Kurier Norden; Koehler, Hamburg) hat Silke Arends auch „Literarisches“ und „Kindgerechtes“ veröffentlicht – so stammt das Kinderbuch für alle Lebensalter „Klabautermann und die verschwundenen Kapitänslöffel“ aus ihrer Feder. Dass sie sich dem Genre „Kriminalistisches“ widmet, hat mit der Faszination Mensch zu tun. Und da sie einen Hang zum Meer hat, kommen auch ihre Publikationen „Das Seenotretterkochbuch“ (Koehler, Hamburg, 2012) und „Das Nordseefischerkochbuch“ (Koehler, Hamburg, 2013) nicht von ungefähr. Silke Arends ist in Emden und Hamburg zu Hause. Ihr Lieblingsplatz: am Meer! Mehr unter: www.ilsebill-verlag.de.

Bernd Flessner, geboren 1957 in Göttingen, studierte Germanistik, Theaterwissenschaft und Geschichte in Erlangen. Der Schriftsteller, Publizist und Zukunftsforscher unterrichtet am Zentralinstitut für Angewandte Ethik und Wissenschaftskommunikation der Universität Erlangen-Nürnberg. Er schreibt u. a. für die Neue Zürcher Zeitung, das „Kursbuch“ (Die Zeit), mare – Die Zeitschrift der Meere und das Ostfriesland Magazin. Letzte Veröffentlichungen: „Deich in Sicht“, Norden 2010; „Friesengold“, Krimi, Leer 2011; „25 Jahre Kunsthalle Emden“, Chronik, Emden/Norden 2011; „Raritäten im Wind“, Norden 2012; „Expeditionen zum Planeten Franconia - Neue Science Fiction aus Franken“, Anthologie, Neustadt an der Aisch, 2012; außerdem seit 1977 vier Kinderbücher mit „Lükko Leuchtturm“. Flessner erhielt 2007 den Utopia-Literaturpreis der „Gesellschafter“ (Aktion Mensch). Mehr unter: www.bernd-flessner.de.

Lübbert R. Haneborger, geboren 1970 in Aurich, studierte Germanistik, Kunst und Soziologie an der Carl von Ossietzky Universität in Oldenburg. Ende 2004 promovierte er am dortigen kulturwissenschaftlichen Institut mit einer Forschungsarbeit zur Entstehung und Entwicklung der Bildform des Berner Hyperrealisten Franz Gertsch (betitelt „Aus nächster Ferne“). Neben seiner Tätigkeit als Redakteur des Ostfriesland Magazins ist er als Sachbuchautor und Verfasser und Illustrator der Kinder-Kunstkrimi-Reihe „Leocardio & Domec“ aktiv. Mehr unter: www.leocardiounddomec.de.

Usch Luhn wurde in einem Dorf in Österreich geboren. Später zog sie nach Berlin und studierte an der Freien Universität Berlin Kommunikationswissenschaften. Danach arbeitete sie einige Jahre beim Radio und beim Kinderfernsehen. Schließlich fing sie an, längere Geschichten zu schreiben und machte eine weitere Ausbildung zur Drehbuchautorin. Seitdem arbeitet sie auch für den Film und unterrichtet an einer Filmschule. Wenn sie nicht durch die Weltgeschichte reist und aus ihren Büchern vorliest, wohnt sie abwechselnd in Berlin und Ostfriesland. Viele ihrer mittlerweile 50 Bücher wurden in andere Sprachen übersetzt. Im April 2012 erschien mit „Herzgespinst“ ihr erster Thriller.

Jutta Oltmanns wurde 1964 in Ostfriesland geboren. Sie arbeitet bei der Wasser- und Schifffahrtsdirektion Nordwest in Aurich im Verwaltungsbereich. In ihrer Freizeit schreibt sie – nicht zuletzt für ihre beiden Söhne – Kurzgeschichten und Gedichte auf Hoch- und Niederdeutsch sowie historische Romane. Ihr neuestes Buch „Tochter der Insel“ erschien im Dezember 2011 im Heyne Verlag. Jutta Oltmanns lebt mit ihrer Familie in Warsingsfehn/Ostfriesland. Mehr unter: www.jutta-oltmanns.de.

Manfred Reuter, Jahrgang 1957, stammt aus der Eifel und arbeitet als Redakteur beim Ostfriesischen Kurier in Norden. Zuvor war er vier Jahre für den Kurier auf Norderney tätig; zuletzt auch als Chefredakteur der Norderneyer Badezeitung. Ausbildung zum Redakteur in Aurich/Ostfriesland und an der Akademie für Publizistik in Hamburg. Weitere Stationen in Köln, Oldenburg, Münster, Bremen und Trier. Reuter ist Mitglied in der Krimiautoren-Vereinigung „Das Syndikat“. Im KBV-Verlag (Hillesheim) sind von ihm bisher die Krimis „Lass mich für dich sterben“ und „Fluchtwunden“ erschienen; in der KBV-„Edition Eyfalia“ außerdem seine Gesellschaftskritik „Der Kirchenmann“. Vertreten ist Reuter zudem in diversen Anthologien wie „Tatort Eifel 2“ von Jacques Berndorf (2009) und „Deichleichen“ (2011), „Acht Siele – Acht Verbrechen“, „Neun Gemäuer – Neun Verbrechen“ (jeweils SKN, 2011 und 2012). Im Oktober 2012 erschien bei SKN sein Krimi „Norderney-Bunker“, im Herbst 2013 „Norderney-Flucht“ im Emons-Verlag, Köln. Mehr unter: www.manfredreuter.de und www.facebook.com/norderneykrimi

Andreas Scheepker, Jahrgang 1963, ist in Hage (Ostfriesland) aufgewachsen. Er studierte Evangelische Theologie in Münster und Göttingen und später noch Literaturwissenschaft, Geschichte und Pädagogik. Nach dem Vikariat in Georgsmarienhütte und in Loccum war er Gemeindepastor in Norden und von 2002 bis 2007 Leiter der Evangelischen Jugendbildungsstätte Asel. Heute unterrichtet er am Auricher Gymnasium Ulricianum und arbeitet mit seiner Frau als Pastor in Westerende bei Aurich. Mehrere Ostfriesland-Krimis stammen aus seiner Feder, zuletzt erschien 2011 „Das Salz der Friesen“. Außerdem beteiligte er sich an Anthologien und Veröffentlichungen zu regionalgeschichtlichen Themen. Andreas Scheepker ist verheiratet und hat einen Sohn. Mehr unter: www.histo-couch.de und www.leda-verlag.de

Désirée Warntjen, 1964 in Fedderwardergroden geboren, wuchs in Jever auf und lebt heute mit ihrer Familie in Sande. Sie studierte Germanistik und Kunst an der Carl von Ossietzky-Universität in Oldenburg, volontierte in der Redaktion der Tageszeitung „Anzeiger für Harlingerland“ in Wittmund und arbeitet seit 2001 als freie Journalistin und Autorin für regionale und überregionale Printmedien. Mit Lebensgeschichten über Menschen aus der Region ist sie an den Portraitbänden „Unerhört weise“ und „Menschen, die was bewegen“, herausgegeben von Theresia de Jong (Verlag Lüers, Jever), beteiligt. Sie ist Mitglied der Schreibwerkstatt „Lose Blätter“ und verfasst literarisch überwiegend Kurzgeschichten und lyrische Texte.

Klaus-Peter Wolf, geboren am 12. Januar 1954, lebt als freier Schriftsteller und Drehbuchautor in Norden. Seine Fernsehfilme wurden oft zu Einschaltquotenhits. Für sein Drehbuch zum Fernsehfilm „Svens Geheimnis“ erhielt er 1996 den Rocky Award for best made TV-movies (Kanada) und den Erich-Kästner-Preis (Berlin-Babelsberg), sowie 1998 den Magnolia Award Shanghai für das beste internationale

Drehbuch. Den Anne-Frank-Preis erhielt er 1985 für Buch und Film „Die Abschiebung" (Amsterdam). Der Autor gilt als leidenschaftlicher Geschichtenerzähler, seine Bücher wurden in 24 Sprachen übersetzt und über 8 Millionen mal verkauft. Seine Ostfrieslandkrimireihe um die Kommissarin Ann Kathrin Klaasen ist Kult geworden; 2013 erschien der 7. Band, „Ostfriesenmoor". www.klauspeterwolf.de

Hans-Erich Viet, 1953 am Dollart geboren, lebt dort und in Berlin und anderswo. Er ist Regisseur, Autor und Produzent. Er begann als Chemielaborant in Leer, arbeitete dann im sozialen Bereich in England und Irland. Nach Zwischenstopps als Waldarbeiter, LKW-Fahrer und Weihnachtsmann studierte er Politische Wissenschaften, Philosophie und Kunstsoziologie in Berlin und Belfast. Nach seinem Diplom als Politologe mit einer Arbeit über den Bürgerkrieg in Nordirland studierte er an der Deutschen Film- und Fernsehakademie Berlin (dffb). Seit 2006 war er Professor für Spielfilm an der Internationalen Filmschule (ifs) in Köln. Mit „Schnaps im Wasserkessel" und „Karniggels" (als Co-Regie mit Detlev Buck) begann seine filmische Arbeit. Viet dreht Dokumentarfilme und Spielfilme fürs Fernsehen (u.a. „Polizeiruf 110"), einige Filme waren im Kino zu sehen. Der Rheiderländer erhielt diverse Preise, u.a. den Grimme-Preis, eine Grimme-Preis-Nominierung, die Bundesfilmpreis-Nominierung, den Ministerpräsidentenpreis beim Max-Ophüls-Festival und den Filmpreis des Deutschen Gewerkschaftsbundes. Viet ist Mitglied der Deutschen Filmakademie, spricht lieber Plattdeutsch als Hochdeutsch, kocht gerne und mag Katzen, Motorräder und alte Segelboote.

Krimis von Klaus-Peter Wolf, Andreas Scheepker, Bernd Flessner, Usch Luhn (Neun Gemäuer), Manfred Reuter, Jutta Oltmanns, Désirée Warntjen, Lübbert R. Haneborger und Silke Arends

192 Seiten | Premium-Taschenbücher |

Format 13,8 x 21,5 cm

Acht Siele – Acht Verbrechen
ISBN 978-3-939870-99-9

2. Auflage

Neun Gemäuer – Neun Verbrechen
ISBN 978-3-939870-30-2

je € 14,80

1 | Glockenturm in Midlum
2 | Schiefer Kirchturm, Suurhusen
3 | Wasserturm, Emden
4 | Rathausturm, Emden
5 | Campener Leuchtturm
6 | Pilsumer Leuchtturm
7 | Störtebekerturm Marienhafe
8 | Lamberti(kirch)turm, Aurich
9 | Sous-Turm, Aurich
10 | Wasserturm, Aurich
11 | Schlossturm, Aurich
12 | Klosterturm Ihlow
13 | Wehrturm, Burg Stickhausen
14 | Wasserturm, Leer
15 | Rathausturm, Leer
16 | Wehrturm, Steinhaus Bunderhee
17 | Kleiner Leuchtturm, Borkum
18 | Großer Leuchtturm, Borkum
19 | Alter Leuchtturm, Borkum
20 | Wasserturm, Borkum
21 | Wasserturm („Doornkaat-Buddel"), Juist
22 | Leuchtturm Memmertfeuer, Juist
23 | Seezeichen, Juist
24 | Wasserturm, Norderney
25 | Leuchtturm, Norderney
26 | Wasserturm, Langeoog
27 | Windkraftanlage (zur Besichtigung), Westerholt

28 | Turmwindmühle, Ochtersum
29 | Turmmuseum, St. Magnus-Kirche, Esens
30 | Baumregionen-Turm, Kreisnaturschutzhof, Wittmund
31 | Westturm, Wangerooge
32 | Alter Leuchtturm, Inselmuseum, Wangerooge
33 | Neuer Leuchtturm, Wangerooge
34 | Leuchtfeuer, Minsener Oog
35 | Leuchtturm, Mellumplate
36 | Wasserturm, Hohenkirchen
37 | Schlossturm, Jever
38 | Kirchturm Reepsholt
39 | Wasserturm, Wilhelmshaven
40 | Rathausturm, Wilhelmshaven
41 | Schiefer (Bunker-)Turm, Sande
42 | Leuchtturm Arngast
43 | Leuchtturm Steinhaus
1 Krimi-Orte
1 Übrige Türme (eine Auswahl)
Wangerooge
Spiekeroog
Langeoog
33
32
31
34
35
26
36
29
Esens
28
Wittmund
37
30
Jever
Wilhelmshaven
Schortens
39
40
41
Jade-Busen
42
10
9
38
Aurich
Varel
43
Wiesmoor
14
13
Westerstede